语墨 ⊙ 编著

卡耐基写给女人的说话技巧与处世智慧

金盾出版社

图书在版编目（CIP）数据

卡耐基写给女人的说话技巧与处世智慧 / 语墨编著. —北京：金盾出版社，2017.3（2017.8重印）

ISBN 978-7-5186-1203-1

Ⅰ.①卡… Ⅱ.①语… Ⅲ.①女性—口才学—通俗读物 ②女性—人生哲学—通俗读物 Ⅳ.①H019-49 ②B821-49

中国版本图书馆CIP数据核字（2017）第034876号

责任编辑：周　继　　整体策划：三客松

金盾出版社出版、总发行

北京市太平路5号（地铁万寿路站往南）

邮政编码：100036　　电话：68214039　83219215

传真：68276683　　网址：www.jdcbs.cn

三河市京兰印务有限公司印刷、装订

各地新华书店经销

开本：880×1230　1/32　印张：9

2017年8月第1版第2次印刷

印数：10 001~20 000册　定价：32.00元

目录

上篇 卡耐基写给女人的说话技巧　001

第一章　言语得当，足以改变你的命运　004

口才，一种美丽的说话艺术　004

虽寥寥数语，但却令人心动　007

好口才，不仅利己还利人　009

好口才讲究深度与广度　012

说话之前，请三思而后行　016

含蓄一点儿，语言会更有魅力　019

光会说还不行，你还要会听　022

第二章　运用幽默，将气氛炒热　027

懂得幽默，掌握语言智慧　027

融洽的氛围可以调侃出来　031

会幽默赞美，你还怕不受欢迎吗　034

表达善意时，不妨开个小玩笑　037

幽默，消除尴尬的"利器"　039

面试时，幽默的自我介绍让你成为焦点　041

利用幽默制造一个浪漫的约会　045

幽默小妙招　048

第三章 聪明的女人说话时滴水不漏 052

说话说到位很重要 052
看见不同的人,说不同的话 053
说话时,说三分就好 056
看准对象说对话,办事一点都不难 058
摸准对方性格,说话时投其所好 062
给别人戴高帽,也是一种说话艺术 066
可别轻易地给自己戴高帽 069
抬高别人等于抬高自己 071
说话别太绝,留点儿余地吧 075
别人的优点多说说,别人的缺点巧绕过 077
开玩笑可以,别说别人的隐私 079
说话时的禁忌,你必须谨记 080

第四章 掌握说话艺术,让你变得八面玲珑 083

帮助别人,就相当于帮助自己 083
想要升职,先替上司找好理由 086
这样做,与同事相处才会更融洽 090
职场复杂人际关系,教你轻松应对 092
爱心,助你好人缘 094
掌握与朋友相处的技巧 096
朋友的忠告,你要善于倾听 100
请给丈夫足够的信任 104
懂得爱屋及乌,婚姻美满好幸福 106

第五章 与陌生人搭讪，你不妨这样做　109
悬疑式开场白助你巧搭讪　109
你的微笑，没人能够拒绝　112
寻找共同点，迅速拉近彼此关系　114
第一句话就显示你的关心　117
选择话题时，请以对方为中心　120
无关紧要的秘密，你可以与对方分享　123
攀亲认友，缩短彼此间的心理距离　126

第六章 睿智的女人，懂得拒绝的艺术　130
面对"盛情"，巧妙推却很简单　130
朋友借钱，这样拒绝才合适　132
事情很难办，摆出你的难处　135
身处职场，这样拒绝不合理的要求　137
拒绝求爱，你需要掌握技巧　140
这样的"逐客令"才有"人情味"　142
面对男上司的暧昧行为，你该怎么办　144
宴会多多，要学些拒酒的话　146
说"不"时，你可得把握好分寸　149

下篇　卡耐基写给女人的处世智慧　151

第七章 魅力无限，做个有味道的女人　154
追求时尚，升华女人的魅力　154
女人的魅力源于女人的气质　158

拥有品位，才能拥有长久的魅力　160

有内涵的女人，才更具魅力　166

温柔，女人的魅力本色　172

自尊自爱的女人才美丽　176

第八章　自信优雅，做个有涵养的女人　181

优雅而有涵养的女人最受欢迎　181

自信，提升女人涵养的法宝　184

你的微笑比黄金还贵　186

与脸蛋相比，气质更重要　189

学会着装，学会打扮　192

做个知礼晓仪的女人　194

第九章　学会淡定，做个有思想的女人　197

淡定的根源在于内心　197

人淡如菊，心淡如水　200

无论得失，均保持淡然　203

每天都要保持积极的心态　206

有思想的女人最具魅力　210

关于得失，无须太过在意　213

贪图物质比不上升华心灵　216

若欲超脱，需要纤尘不染　219

第十章　玩转职场，做个成熟的女人　224

如鱼得水地混职场　224
请让你的领导感到被尊重　227
学会赞美，助你致胜职场　230
做个善于协调的女白领　232
掌握办公室生存法则　234
礼貌待同事，保持友好关系　241
与上司相处的学问，你懂了吗　245
学会刚柔相济，好做人好处世　249
身边的"小人物"，当然不能忽视　251
巧借贵人力量，蹭蹭地往上走　253

第十一章　精通交际，做个受欢迎的女人　256

友善帮你跨越对方心灵的防线　256
揭开收获友谊的秘密　259
对待朋友，请多给一份关心　262
教你如何抓住别人的心　264
与其指责，不如建议与鼓励　267
巧用妙招，让别人接受自己的意见　270
艺术的批评，才不会惹人反感　273
别再做那些无谓的争论了　276

上篇 卡耐基写给女人的说话技巧

众所周知，卡耐基是一个伟大的演讲口才艺术家，是20世纪最伟大的成功学大师，同时也是美国现代成人教育之父。

在教导女人说话方面，卡耐基曾经说过一句话："与人交际，需要的可不单单是语言，还需要依靠你的个人修养和风度！"因此，一个女人想要在自己说话之间流露出无限的个人修养，那么，你就一定要先从提升自身修养入手。

每个女人都有一张美丽的嘴唇，在它的张与合之间，人们不但可以听到你的话语，也能够感受到你的修养，而在许多时候，你语言背后的修养，往往在很大程度上决定着一件事情的成败。

那么，如何在说话之间体现完美的修养，赢得他人的好感与认同呢？很多女人都认为，只要精通社交交谈，就能做到这一点。而所谓精通社交交谈就是说得好，换句话说，就是能说会道。实际上，事情并没有这么简单，这里面可是藏着大文章呢。

你可以去菜市场转一转，你就会发现，菜市场卖菜的大妈也有着非常好的口才，她们一句接着一句地吆喝着，说得也很有门道。但是，你是否注意到了，不管卖菜的大妈说得如何天花乱坠，给你的印象也只有两个字，那就是：世俗。那些大妈们个个都是卖菜的好手，这是毋庸置疑的，但是，如果将这样的口才用到社交谈话上，那么很可能就不行了，甚至还会引起消极的影响。

因此，对于我们女人而言，千万不可以简单地理解"说话"这两个字。若想在你美丽嘴唇的张与合之间，让人们不仅听到你的声音，而且还真切地感受你的个人修养，那你就必须掌握说话的技巧。

卡耐基在写给女人的说话技巧上，主要从六个方面来阐述了他的观点：首先，卡耐基认为，语言足以改变女人的命运，重点讲述了好口才的重要性及些许练就好口才的技巧；其次，卡耐基告诉女人要运用幽默将气氛炒热，详细地讲述了幽默的运用技巧；再次，卡耐基觉得聪明的女人说话时，就应该滴水不漏。为此，他为女人讲述了说话要到位、看见不同的人说不同的话等说话技巧；第四，在卡耐基看来，掌握说话艺术，可以让女人变得八面玲珑。比如，他为女人讲述了帮助别人等于帮助自己、如何影响和应对职场复杂的人际关系以及要善于倾听朋友的忠告等说话技巧；第五，卡耐基教导女人如何与陌生人搭讪，比如，悬疑式开场白助你巧搭讪、寻找共同点迅速拉近彼此关系、第一句话就显示你的关心等；第六，在卡耐基看来，睿智的女人要懂得拒绝的艺术，比如，睿智的女人在面对别人的"盛情"时，要懂得巧妙推脱，当朋友借钱时，要能够巧妙拒绝等。

总而言之，在当今社会，掌握卓有成效的说话技巧与交流能力，是每个女人最为迫切的需求之一。只要你认真遵循卡耐基先生这些简单而实用的说话标准与技巧，你就会发现成功原来可以如此简单，你也可以轻轻松松地打开成功之门，戴上胜利的桂冠！

第一章 言语得当，足以改变你的命运

♥ 口才，一种美丽的说话艺术

说话是一种艺术，不仅具有极大的美感，而且还具有超大的魅力。它可以让你与朋友的友谊常青，与亲人的感情密切，与同事的关系协调，还能帮你寻觅终生的伴侣，等等。它是人际交往过程中的必备工具，也是联结人与人之间关系的纽带。你的说话水平，直接决定着你的人际关系是否和谐，对你事业的发展与人生的幸福有着巨大的影响。特别是现代女性，超好的口才、颇有技巧的说话方式，不但有利于家庭幸福，而且还能为你的事业提供相当大的帮助。

出色的女人都懂得说话的艺术。那些能够在社交场上取得成功的女性，在言谈之间必定闪烁着优雅与智慧，给人一种精辟、睿智的感觉。一个成功的女性一定要具备良好的口才，这将会为其带来诸多的利益与机遇。

梅女士是S市某家电梯公司的业务代表。该公司与S市某家宾馆之间签有合约，负责对这家宾馆的电梯进行维修。宾馆经理为了不让旅客感到诸多不便，每次维修之时，电梯的停开时间最多为2个小时。可是，修理电梯至少要8个小时，而在宾馆方便将电梯停下的时候，电梯公司都未能将所需要的技工派遣过去。

这不，该宾馆的电梯又坏了。梅女士在派遣一位修理电梯的技工以前，她需要先给这家宾馆的经理打电话。在打电话时，梅女士并没有与这位经理进行争辩，而是心平气和地说："杰克，我知道你们宾馆有很多客人，你要尽可能地将电梯的停开时间减少。我明白你对这一点很重视，我们要尽可能地与你的要求进行配合。不过，我们在对你们的电梯进行检查后发现，倘若我们现在不彻底地修理好电梯，那么你们的电梯损坏的情形将会变得更为严重，到时候电梯的停开时间将会更长。我很清楚你不会愿意在好几天的时间里都让客人感到不方便。"听到这里，经理只好同意将电梯的停开时间延长到8个小时。因为如此一来总好过将来停开几天。由于梅女士深谙说话的技巧，她从内心深处表示自己很理解这位经理想要让访客愉快的愿望，所以，也就更加容易地取得这位经理的同意。

所以，口才是相当重要的。一个人说话的语气与态度对双方的合作顺利与否起着决定性的作用。梅女士应用说话技巧，从对别人表示同情的角度，与他人进行沟通，取得了对方的认可与信任。因此，作为一个女人，若想在社会上站稳脚跟，就要懂得用心去说话，要懂得适时地进行变通，如此才能将事情做到最好。

玛利亚是一名钢琴教师，教十几个学生弹钢琴。其中，有一个名字叫贝利的小女孩，她的指甲留得很长。我们都知道，不管什么人要想将钢琴弹好，都不应该留很长的指甲。玛利亚老师知道贝利的长指甲会对她弹钢琴有很大的不利影响。但是，为了不打击她想学钢琴的愿望与积极性，所以在刚开始教她课的时候，玛利亚老师并没有提到她的长指甲问题。

在第一堂课结束之后，玛利亚老师感觉时机已经成熟了，就将贝利叫过来，说："贝利，你的手很漂亮，你的指甲很美丽。可我知道你也特别想把钢琴弹得你想象的那么好，老师想告诉你，如果你能够将你的指甲修得短一点，你就会发现弹好钢琴实在是太简单了。你认真地想想吧。"贝利听后做了个鬼脸，表示她肯定将自己的指甲修短。果然，在第二个星期来上第二堂钢琴课的时候，贝利的指甲修短了。

其实，玛利亚要命令贝利修短指甲是极其困难的事情，因为贝利知道自己的指甲非常美丽，但是玛利亚老师向贝利传达了一种情感：我对你表示同情，我知道将指甲修短并非易事，但是在音乐方面的收获，将会使你获得更好的补偿。

所以，有的时候，一个人的口才好坏起着至关重要的作用。俗话说得好：一人之辩重于九鼎之宝，三寸之舌强于百万之师。口才了得的女人，能更好地将自己的才能展现出来；口才了得的女人，能获得更多的生存空间与更好的发展。

作为一个想要成功的女人，倘若你的外貌并不出众，你无须耿耿于怀,因为你可以通过不断的努力来完善自己的口才,以此为自己的形象与魅力加分!

作为一个想要成功的女人,要懂得修炼自己的口才。在奔向成功的道路上,杰出的口才会是你终生的伙伴,它会为你的成功增加砝码,让你更快地抵达成功的彼岸!

♥ 虽寥寥数语,但却令人心动

我们常会发现:有些女人长篇大论甚至慷慨激昂,可就是难以提起听者的精神;而有些女人仅仅寥寥数语,却掷地有声,产生吸引人的魔力。这是为什么呢?很简单,因为后者能了解人们的内心需要,能设身处地地站在对方的立场,为对方着想。因此她们的话总是充满真诚,也更容易打动人心。

沟通是我们生活的主要部分,而说话又是我们沟通的一种重要途径。说话是一个传递信息的过程。因此,女人在说话的时候,要努力提高自己的说话水平,增添自己的说话魅力,将话说好,使自己的语言能够打动听者的心弦。

统计数据表明,我们大多数人每天花费50%~75%的时间,以书面形式、面对面的形式或打电话的形式进行交流。而在交流中80%是以语言即说的形式进行的,那么说什么以及怎样说,是我们成功沟通的关键。

1991年11月,中国电影的最高奖"金鸡奖"与"百花奖"在北京同时揭晓。著名演员李雪健因主演《焦裕禄》的主角焦裕禄而同获两个大奖的"最佳男主角"。李雪健在获奖后致答谢词时说:"苦和累都让一个好人——焦裕禄受

了；名和利都让一个傻小子——李雪健得了。"话音刚落，全场掌声雷动。

在这里，李雪健虽然只说了不到30字的获奖感言，但却非常具有感染力，言语中既歌颂了焦裕禄的高尚品质，又体现了自己的谦虚品质，淳朴实在，给人以深刻的印象。

真诚的语言虽然是朴实无华的，但却是最感人的。有家电视台播放过一个节目，中国女足在一次足球赛上获得较好的名次后，记者向运动员问道："你们得了亚军后心情如何？你们是怎么想的？"其中一名运动员不假思索地回答道："我想最好能睡三天觉！"

这样的回答让人有些出乎意料，但它质朴、没有任何修饰成分，全场顿时爆发出一片赞许的笑声和掌声。如果这位运动员"谦虚"一番，讲一通"我们还有很多不足"之类的话，可能就没有如此强烈的反响了。

情深，才可惊心动魄。语言真诚，那么即使几句简单的话，也能引起听众的强烈共鸣。学会用真诚打动听众的心，可以帮助女性朋友在交往中捕获人心。

有段日子，王小姐总是接到一个童书推销员的电话。王小姐一向厌恶推销员的死缠烂打，所以电话里的口气并不很好。有一天，这位推销员找上门来了，王小姐毫不客气地把她轰了出去。过了三个星期，推销员又来了，她的客气、谦虚反而让王小姐不忍心了，于是王小姐试着和她谈了十几分钟，虽然王小姐没有买她的书，但是却介绍了一名客户给她。

每次这个推销员的话语并不多，但是她的真诚最终打动了王小姐，使王小姐成了她的潜在客户。

说话如同做生意。做生意的规律是，只要你的一件产品有问题，你的全部产品就都会遭受怀疑。女人说话也是一样，只要你十句话中有一句是谎言，你的全部话语就都会遭受质疑。一个人种下什么种子，就会收获什么果实。种下欺骗，收获的就不会是真诚；而种下真诚，收获的也一定是真诚。作为女人，要想打动人心，就必须学会真诚，用简单的话语表达出我们内心的诚意。

有一个女厂长，在就职时向员工发表了别出心裁的讲话："我来当厂长，打心眼儿里高兴！但厂长不好当，担子重啊！从现在起，我给大家交个底儿，我不想干两件事就捞一把，非跟大伙儿一块儿干出个样儿来不可。我们好比一根绳子上拴着的蚂蚱，飞不了你们，也跑不了我。"

简单的几句话，平实、通俗，更没有表面的客套，但让人听后却觉得含义不平常。显然，这几句话赢得了员工的信任，许多人说："这个厂长挺实在。"还有的人说："厂长是个老实人，我们跟着实在的厂长干，心里踏实。"

这位厂长亮相前，其实对说话的方式、内容、角度进行了周密的考虑，实实在在地讲出了自己上任时的心理活动及上任后的打算。虽然短短几句话，却达到了与职工交流的目的。

因此，话不在多，而在于分量。只有掌握了说话的技巧，即使寥寥数语也可以打动人心。

♥ 好口才，不仅利己还利人

作为女人，在与人交往的过程中，必然要与别人进行交谈。倘若你只重视自己的外貌与形象，而忽视了言谈的重要性，甚至连最起码的说话方式都不懂，那么你的社交关系必然不会良好。

哲学家亚里士多德曾说过："美丽比一封介绍信更具有推荐力，也更容易被人们所接受。"可以这么说，作为女人，美貌也是自身的一种竞争力。然而，天下有多少女人天生就花容月貌？而相较于女人的美貌，杰出的口才才是女人在诸多竞争中脱颖而出的最大本钱！成功者需要拥有智慧，女性成功者更需要拥有智慧。想要使自我、事业、家庭这三者之间保持完美的平衡，需要相当高的做人本领。只有将所有事情办得妥妥帖帖的，将每一句话都说到别人的心坎中，才有可能达到这种优雅、美好的境界。

女人的这种说话做事的本领并不是天生就有的，而是需要女人所独有的敏感与悟性，需要在日常生活与工作中不断地进行总结与思考，将它自然地融入到自己的生活与工作中。

张丽与王明先后向同一个老人问路。张丽遇到一个年纪很大的老人家，她一看到这位老人就大声地嚷嚷："喂！老头儿，去操场应该如何走啊？"这位老人听了之后十分生气，看了张丽一眼没有吭声。后来，王明也遇到了这位老人，她慢慢地走到老人身边，非常有礼貌地问道："老大爷，您好，您有没有看到一个年轻的女子？这个年轻女子穿着红色的格子上衣，您知道她往哪个方向走了吗？"老人听了之后，很高兴地给王明指明了那女子的去向。

为什么张丽与王明向同一位老人问路，却得到截然不同的结果呢？很显然，其关键就是张丽问路的时候一点儿也不注意基本的礼节。一个"喂"字，既粗野又缺乏教养，对待老人丝毫没有礼貌，自然会引起老人的反感，继而拒绝为其指路。而王明则不一样，她在与老人交谈的言行中都做到了彬彬有礼，老人家自然很高兴地为她指引去向了。因此，在与他人交谈的过程中，表达者能否注意到自己所扮演的角色与基本的交谈礼节，直接决定着交谈能否成功。

有一次，马莲打算去拜访一位著名的书法大师，为奶奶求一幅字作为生日礼物。她认为这件事情不是很重要，既然让朋友约好了大师，自己只要过去跟大师说怎么写就可以了，就像去超市取东西一样随便，于是早上就匆匆出发了，连衣服都没挑选一下。

到了大师家里，一见面，马莲就冒失地说自己是来取字的，是某某介绍来的。大师一看马莲慌慌张张的样子就心生不喜，再一看她穿的带洞的新潮牛仔裤更是"不堪入眼"，再加上马莲说话一点儿也没有谦虚、礼貌的样子，于是气呼呼地说："谁介绍你来的啊？我怎么不知道？谁介绍你来的你找谁要去！"说罢就转身回到书房，把马莲晾在了一边。

马莲一时尴尬，于是找到了引见自己的朋友，描述了自己的遭遇。朋友听了她的话，再一看她的样子，无奈地说："你也不想想，哪个名声在外的书法家不喜欢别人对他毕恭毕敬啊！你一副不在乎的样子，人家能喜欢你吗？再说了，去见大师这么讲究的人，怎么能穿成这样子呀？"

马莲一听哑口无言，就因为自己说话不懂礼貌，才让自己失去了好机会。因此，女人要懂得：在工作、生活中，你要求别人，就得在打交道之前做好准备，最起码要知道人家忌讳什么、讨厌什么。如果像马莲那样冒失地闯过去，一句话不对，惹得对方发了火，不仅你的事情办不成，还惹得别人也不高兴，这岂不是损失太大！连礼貌都不讲，人家还怎么跟你谈事情呢？

　　有些女人是天生的社交高手，这不是因为她们拥有倾城的外貌，而是因为她们无论在任何场合，都能妙语连珠，博得满堂彩。会说话的女人能适时送出赞美，让人听了如沐春风；会说话的女人，能让批评也变得悦耳；会说话的女人懂得什么时候该温柔婉转，什么时候该仗义执言；会说话的女人面对不同的人，会采取不同的语言策略；会说话的女人能适时转变话题，以免气氛冷场。

　　因此，在与人交往的过程中，你可以没有金钱，没有地位，但你不能不懂得说话。女人一定要学会说话，这样你就会发现，在尊重别人的同时，你自己也赢得了别人的尊重！

♥ 好口才讲究深度与广度

　　一个女人要展示自己具有良好的修养和内涵，最直接的方法就是"谈话"。通过交谈，人们可以感觉出这个女人的品性和修养。一个善于言谈的女人，一定能引起别人的兴趣和注意。在现代经济社会，把自己推销出去的捷径就是要善于谈吐。

　　1903年12月17日，是人类第一次驾驶飞机离开地面飞行的日子。美国发明家莱特兄弟完成了这一历史创举后，到欧洲旅行。在法国的一次欢迎宴会上，各界名流都来庆祝莱特兄弟的成功,并希望他们能给大家讲讲话。再三推托后,大莱特走向了讲台,而他的演讲仅有一句话:"据我所知,鸟类中会说话的只有鹦鹉,而鹦鹉是飞不高的。"正是这句精彩的话,赢得了全场热烈的掌声。

其实,大莱特可以详尽地介绍自己科学发明的经过,但是他并没有这样做,用一句话就很有高度地反映出了他们创造的艰难和埋头苦干的精神。就是这样一句话,足以留给听众深刻的印象。所以,好的口才不仅要有广度,更要有深度。

古语说得好:山不在高,有仙则灵。如果说话不着重点地废话连篇,那么抵不上一句有根有据的话所能发挥出的作用。

20世纪30年代,我国著名新闻记者、政治家、出版家邹韬奋在上海各界公祭鲁迅先生的大会上发表了一句话演讲:"今天天色不早,我愿用一句话来纪念先生:许多人是不战而屈,鲁迅先生是战而不屈。"

邹韬奋只用了一句话,就将鲁迅的精神说了出来。在当时,他的演讲被人们誉为最具特色的演讲。即便是现在,人们仍感叹邹韬奋演讲的简练、有力。

俗语说:蛤蟆从夜晚叫到天亮,不会引人注意;公鸡只啼一声,人们就起身干活。的确,话不在多而在精。

清朝皇帝有一座庄园,叫避暑山庄。每当天气炎热的时候,皇上便带着重臣和后妃们到那里办公避暑。臣僚们都以能陪驾去避暑山庄为荣。

有一年夏天,乾隆让军机要员和珅和三朝元老刘统勋陪同去避暑山庄。一天,乾隆邀二人同游烟雨楼。那烟雨楼是避暑山庄三十六景之一，此楼四面环水只有一桥可通。楼在湖上水汽一蒸便迷蒙如在雨中，故得此名。

三人来到桥上，那桥弯弯曲曲折叠在湖面上，时而薄雾飘过如在天上，时而雾过水清又如荡舟湖湾，引得乾隆诗兴大发，于是便邀二人赋诗比赛。

乾隆先出一题，问道："什么高，什么低，什么东，什么西？"刘统勋觉得自己是三朝元老，资历在和珅之上，忙抢先答道："君主高，臣子低，文臣在东，武臣在西。"

和珅一听，很不高兴。一来自己是军机要员，权力比刘统勋大，二来刘统勋诗中说"武在西"，古代以东为上以西为下，也有暗含自己这军机大臣不如刘统勋那三世文臣的意思。

于是，和珅打定主意，要挫败刘统勋的锐气。他环视四周，看见自己站在乾隆的东面，刘统勋站在西面，而那桥下的热河流水正自东向西流入离宫湖，便借机吟道："天最高，地最低，河（以'河'谐音'和'，指和珅自己）在东，流（以河流之'流'谐音'刘'，指刘统勋）在西。"

当然，刘统勋也听出了和珅诗中谐音双关的字义，明白他是在借诗与自己争地位高低，心中更是不快。

乾隆笑了一笑，什么也没说。又接着出题：每人以"水"为题，拆一个字，说一句成语以成一句诗。刘统勋见来了报复机会，忙抢先道："有水念溪无水也念奚，单奚加鸟变为鸡，得时的狐狸欢如虎，落坡的凤凰不如鸡。"

和珅早已听出刘统勋讽刺自己是"得时狐"之意，于是吟诗反击道："有水念湘，无水也念相，雨落相上便为霜。"意思是说你刘统勋的现况是新老交替的自然规律造成的，埋怨我做什么？

乾隆早已听出两人的弦外之音，上前来一边拉住一个，赋诗道："有水念清，无水也念青，爱卿协力心有情。不看僧面看佛面，不看孤情看水情。"

这时，三人身影正倒映在水中。和珅和刘统勋听罢，心中为之一震，明白自己不应为个人名分争高低而误国事。二人为乾隆的苦心所感动，当即互相认错，表示共辅国政的决心，乾隆听后很高兴。

从上面的例子可以看出：乾隆的话语虽然不多，但是却隐含了让两人和好，共同辅政之意，其意义之深远，令和珅和刘统勋十分惭愧。

可见，会说话的人，往往语言简明扼要、言简意赅、简中求准。短短几句话，却犹如一粒粒沉甸甸的石子，在听者平静的心湖里激起层层波澜。

我们每个女人都希望自己说出来的话语既有深度，又有广度。好的口才是建立在深厚的学识基础之上的，如果脱离了这个根本，那么言谈就会成为"无源之水、无本之木"，淡而无味。

小霞是一名大三的学生，平时她最爱做的事情就是泡图书馆，各种类型的书都喜欢看一些，各个学科都喜欢研究一下。这些书籍极大地开阔了她的视野，让她了解了各方面的知识，所以她说起话来总是头头是道，让人信服。后来，她参加了市里举行的辩论大赛，还拿了一等奖。这说明肚子里有"货"，说出来的话才能兼有深度和广度。

如果你有一桶水，那么给别人一杯是再简单不过的事情，而如果你的桶里没水，又怎么能给别人呢？说话也是一

样，虽然需要一定的技巧，但也与一个人掌握知识的多少有着密切的关系，正所谓"腹有诗书气自华"。知识面不够宽广，就算技巧掌握得再多，也是无法说服别人的。

缜密的思维，幽默机智的应答，这一切无疑都来源于头脑中的广博知识，那种不着边际、没有实际意义的夸夸其谈不是好口才。女人要想说出来的话有深度、有广度，就要丰富自己的文化修养，上通天文，下晓地理，知识面越宽底蕴越深。

❤ 说话之前，请三思而后行

现代女人在节奏越来越快的社会生活中经常会忽视了说话的技巧。有些女人不假思索地按照自己的意愿说话，伤害到了别人，自己却一无所知。这样的例子在现实生活中确实不少。因此，我们在说话的时候要学会三思而后说，学会在说话之前考虑对方的感受，这样，就可以对别人多一份尊重，多一份相互的关怀和理解，让语言更加柔和与委婉，让人际关系更加和谐。要像打扮你自己一样用心打扮你的言语，才能够让人舒服地与你交往，从而愿意成为你的朋友。

不妨让我们从一个小故事来看看我们为什么要学会三思而后说。

一对情侣在一家服装店，为了一条裤子讨价还价，年轻的女老板坚持要60元，女孩坚持给50元。女老板不卖，女孩拉着男朋友要走。女老板脸色一沉，说了一句："60块钱还讲个没完，真是没出息！没钱就别出来逛，丢人现眼！"

这话说得十分难听，这对情侣一听当然是火冒三丈，结果女老板还来劲了，说了句更狠的话："像你这种身材，肥得像猪一样，一辈子买不到合适的裤子！"这下女孩的男朋友可不干了，抓起女老板的衣领就是一拳……

女老板为了一条裤子，居然说出这么伤人的话，招来一顿痛打，也真是不值。俗话说，买卖不成仁义在，明白人应该懂得和气生财的道理，宽容一点，看人的长处，言辞才会亲和，没准一桩生意就做成了，不至于到拳脚相加的地步。不会好好说话，既伤害了别人，于己也没有什么好处。

以此为借鉴，我们在说话的时候，一定要注意包装自己的语言。这样不仅能够防止无意中中伤别人，还可以让自己的话语更有魅力。很多时候，或许一句自己认为无关紧要的话就可能在听者的心中划开一道无法愈合的伤口。有道是"说者无心，听者有意"，同样的一句话，不同的人说会有不同的效果，不同的人听到了也会有不同的反应。

会说话的女人可能会说得人开怀一笑，而不会说话的女人就可能会让敏感的人觉得自尊心受到了伤害。因此小心"说者无心，听者有意"，这是会说话的女人开口的大前提。粗心的女人说话常常不经仔细思考，只顾自己把话说完，而忽略了"听者"的闻后所想，造成无法弥补的损失。下面就是一个这样的例子。

有一个女主人请客，看看时间都快到点了，还有一大半的人没来，心里很焦急，便自言自语地说："怎么搞的，该来的客人还不来？"一些敏感的客人听到了，心想："该来的没来，那我们是不该来的？"于是悄悄地走了。

女主人一看这种情况，更着急了，就接着说："怎么

这些不该走的客人，反倒走了呢？"剩下的客人一听，又想："走了的是不该走的，那我们这些没走的倒是该走的了！"于是又走了几个朋友。

房间里只剩下了一个朋友。看到这尴尬的场面，那个朋友就劝她说："你说话前应该先考虑一下，否则说错了，就不容易收回来了。"女主人大叫冤枉，急忙解释说："我并不是叫他们走哇！"朋友听了也大为光火，说："不是叫他们走，那就是叫我走了。"说完，头也不回地离开了。

从上面的例子可以看出：在我们和人沟通的过程中，往往会因为一句话而引起他人的不悦，原因在于我们没有考虑到对方的感受，而只顾发泄自己的情绪，一吐为快。虽然说者无心，但是听者有意。如果我们不注意自己的言语，如果我们不"慎言"，就会不同程度地给听者造成伤害。

同样的事情，有的女人着急上火，口不择言，有的女人则不急不躁，言语稳重，最后结果就大相径庭。话语如同一把利刃，可以伐木也可以伤人，就看操持者怎么使用。既然每个人都喜欢听美酒一样的良言，为什么不对别人也说出美好的语言呢？包装一下再出口，注意说话的方式，把难说的话说得好听，才是真正有素养的口才高手。

因此，在生活中，为了避免产生语言冲突，女人在说任何话之前，都该先想想"如果别人对我这样说，我会作何感想？""我的批评是有害的，还是有益的？"在很多情况下，如果能多花一些时间，设身处地为他人着想，就不会因一句话惹得众人怒了。所以，要学会三思而后言。

♥ 含蓄一点儿，语言会更有魅力

生活中，有些女人把说话直来直去、想什么说什么，视为是一种好习惯，认为这样的人坦诚、实在。可是，有的时候，难免会遇到不便直说、不忍直说、不能直说的情境。在这种情况下，如果说了直话，可能影响到人际关系，给自己添麻烦，也伤害到别人。因此，为了避免不愉快的事情发生，在某些场合说话还是要讲究一点技巧，尤其女人要学会委婉含蓄地表达自己的看法。

某单位的一个职员到领导家请领导帮忙办事，领导夫人热情招待，很有礼貌地端水果倒茶。这位职员办完事后，却仍然待在领导家里不走，高谈阔论起来。天色已经很晚了，领导的孩子还要早点休息，领导夫人也很疲倦了。但是，客人此时说得正酣，也不好直接请客人出门，怎么办呢？

领导夫人便到厨房收拾了一下家务，然后回到房间对丈夫说："人家这么晚来找你，你快点给人家想个办法，别让人家总这样等着。"然后又对客人说："您再喝杯茶吧。"这位职员听出了领导夫人的弦外之音，很知趣地马上告辞了。

这位领导夫人就懂得说话之道，既把自己的意思曲折地表达了出来，又尊重了客人，不至于让客人难看。表面看她是在为客人说话，为客人帮忙，但实际却在传达另一个含义，以得体的表达方式达到了自己的目的。

总之，女人说话不一定要直来直去，委婉含蓄地表达，不仅让人更易接受，还可深得人心。下面也是一个这样

的例子。

战国时期，楚国有一位能言善辩的人名叫优孟，他善于在谈笑之间劝说国君。楚庄王有匹爱马，楚庄王非常看重这匹马。比如他为马披上锦绣的衣服，将马养在华丽的房舍里，马站的地方设有床垫，并用枣脯来喂它。可是，马因为吃得太好太多，不久就患肥胖病死了。楚庄王非常难过，下令全体大臣给马戴孝，不仅准备给马做棺材，还要用大夫的礼仪来安葬马。

群臣对楚庄王的做法都非常反对，纷纷上书劝楚庄王别这样做。然而楚庄王对群臣的劝谏十分反感，并下令说："谁再敢对葬马这件事进谏，格杀勿论！"

慑于楚庄王的淫威，群臣们都不敢再进谏。优孟听说这件事后，来到殿门，刚步入门阶就仰天大哭。楚庄王见他哭得这么伤心，觉得很惊奇，问他为什么大哭。

优孟说："这匹死去的马是大王最疼爱的，楚国是堂堂大国，用大夫的礼仪来安葬，礼太薄了，一定要用国君的礼仪来安葬它。"

楚庄王听到优孟不像群臣那样拼死劝谏，而是支持他的主张，不觉喜上心头，很高兴地问道："照你看来，应该怎样办才好呢？"

"依我看来，"优孟清了清嗓子，慢吞吞地说，"以雕工做棺材，用耐朽的梓木做外椁，以上等木材围护棺椁，派士兵挖掘墓穴，命男女老少都参加挑土修墓，齐王、赵王陪祭在前面，韩王、魏王护卫在后面，用牛、羊、猪来隆重祭祀，给马建庙，封它万户城邑，将税收作为每年祭马的费用。"说到这里，优孟已指出了庄王隆重葬马之害。

楚庄王大为震惊，这才知道了葬马的害处如此之大。于是说道："寡人要葬马的错误竟到了这么严重的地步吗？那么该怎么办才好呢？"

　　优孟接着说："那就让我为大王用葬六畜的办法来葬马吧。用土灶做外椁，用大锅做棺材，用姜枣做调味，用木兰除腥味，用禾秆做祭品，用火光做衣服，把它葬在人的肚肠里。"于是，楚庄王听从优孟的劝谏，派人把马交给掌管厨房之人去处理，不让此事传扬出去。

　　优孟因侍从楚庄王多年，熟知楚庄王的性情，知道对此时的楚庄王忠言直谏、强行硬谏肯定是没有效果的，所以干脆从称赞、礼颂楚庄王"贵马"精神的后面折射出另一种相反的又正是劝谏的真意，从而把楚庄王逼入死胡同，不得不回头，改变自己的决定。在特定情况下，采用正话反说的方法，会收到意想不到的效果。优孟正是采用了正话反说的方式，不直接说出自己的意思，而是从相反的方向委婉含蓄地表达了自己及众大臣的意愿，让楚庄王接受。

　　因此，在语言的实际运用中，许多话是不必说得过于清楚的。具有一定的含蓄性，反而能让语言表达更有魅力。例如，当你去拜访朋友时，主人热情地拿出水果、茶点招待你。如果你直言道："不吃不吃，我从来都不喜欢吃零食的，再说我也刚刚吃完饭，肚子饱得很，哪有胃口吃这些东西啊！"这样不仅让主人扫兴，还会伤害主人的一片热心。但如果表达含蓄一点，效果就完全不一样了："谢谢，多新鲜的水果啊，多香的糕点！可惜我刚刚吃完饭，没有胃口吃了，真是太遗憾了。"主人听了此番话后，心里必定很高兴，这样你也传递出了自己所要表达的意思。

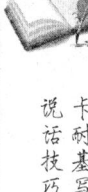

孙犁曾在《荷花淀》中有这样一段描述。有几个青年妇女的丈夫参军走了，她们都很想念自己的丈夫，很想去驻地探望一下。但是，因为害羞，不好当着众人的面直接说出自己的想法，就各自找了一个借口来表达本意："听说他们还在这里没走。我不拖尾巴，可是忘下了一件衣服。""我有句要紧的话要和他说。""我本来不想去，可是俺婆婆非要叫我再去看看，你说能有什么看头啊？"……正所谓曲径通幽。从侧面切入，暗中点明自己要说的话的主要含义，将话说在明处，而含义却藏在话的暗处。

当然，直言直语是人性中一种很可爱、很值得大家珍惜的特质，也唯有这种直言直语的人，才能让是非得以分明，让人的优缺点得以分明。只是在现实社会里，直言直语却可能是为人处世中的致命伤。

因此，在日常交谈中，当遇到一些让我们不便、不忍或语境不允许直说的话时，女人们要懂得把"词锋"隐遁，或把"棱角"磨圆一些，或从相反的角度深入，使语意软化，以便听者接受，最终达到表达真意的目的。

❤ 光会说还不行，你还要会听

大多数女人都喜欢自己说，而不在意别人说，喜欢谈论自己的事情，而没有耐心听别人的事情。总在没有完全"听懂"别人的前提下，就对别人盲目下判断，这样就出现了人际交往中难以沟通的情况，形成交流的障碍和困难。因此，作为一个成功的女人，要学会倾听他人的声音。

在一次晚会上，由于戴尔顿和一位女士不会打桥牌，于是他俩就坐在一旁闲聊起来。

戴尔顿知道这位女士刚从欧洲回来,于是就对她说:"啊,你去欧洲游玩,一定到过许多有趣的地方,很多风景优美的地方,你能讲讲吗?我小时候就一直梦想着去欧洲旅行,可是到现在我都不能如愿。"

这位女士听出戴尔顿先生是一位健谈的人。她知道,如果让一位健谈的人长时间地听别人说话那就如同受罪,心中一定憋着一口气,并且不时要打断你的话,或者对你的话根本毫无兴趣。她明白戴尔顿是想从自己的话中寻找一些契机好开始自己的谈话。

于是她对戴尔顿先生说:"是的,欧洲有很多有趣的地方和风景优美的地方。但是我很喜欢打猎,可惜欧洲打猎的地方就只有一些山,没有大草原,要是能在大草原上边骑马打猎,边欣赏秀丽的景色,那多惬意呀……"

"大草原,"戴尔顿兴奋地叫道,"我刚从南美阿根廷的大草原旅游回来,那真是一个有趣的地方,太好玩了!"

"真的吗,你一定过得很愉快吧。能不能给我讲一讲大草原上的风景和动物呢?"

"当然可以,阿根廷的大草原可……"戴尔顿滔滔不绝地讲起了他在大草原的旅行经历。然后在这位女士的引导下,他又讲了布宜诺斯艾利斯的风光和他沿途旅行的国家的风光,甚至最后,谈话变成了戴尔顿对自己这一生去过的地方的美好追忆。

这位女士在一旁耐心地听着,不时微笑着点点头鼓励他继续讲下去。戴尔顿一直讲到晚会快结束的时候才遗憾而

又愉快地对这位女士说:"下次见面我继续给你讲,还有很多很多呢!谢谢你让我度过了这样一个美好的夜晚。"

在这次谈话中这位女士只说了几句话,然而,戴尔顿却向晚会的主人说:"那位女士真会讲话,她是一个很有意思的人,我很乐意和她交谈。"

其实这位女士知道,像戴尔顿这样的人,并不想从别人那里听到些什么,他想做的事只有一样——倾诉。他心里很想将自己所知道的一切全都讲给别人听。对于这种谈话者,如果我们不配合,而是企图堵住他们的嘴巴,那只会招来厌烦。

倾听是对别人最好的尊敬。专心听别人讲话,是你所能给予别人最有效,也是最好的赞美。不管说话者是上司、下属、亲人、朋友,还是其他人,倾听的功效都是同样的。小菲在公司里是年纪最小的,她积极、上进,总是很虚心,无论谁讲话她都能够安静地聆听,所以大家都很喜欢她。注意倾听别人讲话总会给人留下好的印象。在小说《傲慢与偏见》中,丽萃在一次茶会上专注地听一位刚从非洲旅行回来的男士讲述在非洲的所见所闻,几乎没有说什么话,但分手时那位绅士却对别人说,丽萃是个多么善言谈的姑娘啊!看,这就是倾听别人说话的效果。它能让你很快地交到朋友,赢得别人的喜欢。

当然,倾听不仅仅是保持沉默,用耳朵听听而已。倾听,除了能帮助你取得朋友的信任,对于管理者,倾听还可以帮助你取得员工的信任。如果你善于倾听,你能够听到员工不同的声音,这些声音将能够帮你找到解决问题的办法。下面讲的就是这样的例子。

在联邦快递公司刚刚创立时期，人员流动率接近50%。面对这个问题，人事副总裁哈里找到了创始人之一的玛丽小姐，问道："您需要我做些什么？"

玛丽小姐看着面带微笑的哈里回答道："哈里，我不知道，但你能告诉我你的想法吗？"

谈了一会儿，哈里对玛丽小姐说："请给我一点考虑的时间，好吗？"

一周后，哈里找到玛丽小姐说："我找到答案了，但是，你得承诺能够给我提供我需要的东西。"玛丽小姐就安排了一次由当时的董事长弗雷德、首席财务官比特以及自己参加的会议，会议由哈里主持。

哈里向大家解释道：他在集团内部做了调查，通过与员工谈话，了解到网络中心工作的时间很短，一般工作内容就是接收、发送和装运。因此，中心的员工全是兼职的。这些员工一天只工作4小时，并且全在夜晚。

哈里提醒董事会成员们："因为这不是一份全职工作，所以他们不享受福利待遇，这让这些在校兼职的大学生看起来就像是被收养的孩子，不像这个公司的人。他们感觉随时会被解雇。但是，虽然这些大学生都是兼职，但对公司却非常关键。"

"你有什么办法解决这个问题吗？"首席财务官比特问。

"提供他们全职的医疗保险福利。"哈里提出。

"可是你想过没有，如果给这些员工提供医疗保险福利会给公司带来昂贵的费用。哈里，这样做会加重公司的负担。我们不能给兼职者医疗福利，因为我们一直就是这么

干的。"

哈里问道:"比特,你知道在网络中心工作的人,他们的年龄有多大吗?"

"这与我们的问题有什么关系吗?"比特不解地问。

"当然,在网络中心里,这些员工们的年龄都在18~23岁之间。比特,在你这么大时,你的身体会出现大毛病吗?"

经过短时间的沉默,董事长微笑着说:"比特,哈里说得有道理,网络中心那批兼职的年轻人就算享受到我们的医疗福利,在相当长的时间里也不会给公司造成费用上的压力,因为他们很少生病。"

最后,会议取得了共识。很快,决议便得到了落实。此举使得人员流动率由接近50%下降到了不到7%,投诉率也降到了最低。公司的士气高涨,业务量也快速攀升。

而更大的收益在于:那些兼职的大学生,毕业后都愿意到联邦快递工作。现在,在联邦快递许多重要岗位上的领导者,都是网络中心里的邮件递送兼职人员。在那里,他们实现了自己的愿望、激情和价值观。

可见,倾听可以产生意料不到的效果。因此,女人在生活中要善于倾听朋友、下属、老板和父母的种种意见,做一个善于倾听的好听众。

第二章 运用幽默,将气氛炒热

♥ 懂得幽默,掌握语言智慧

很多女人都有这样的感觉:觉得自己在公众场合是一个不会说话的人,觉得自己说话不幽默,就像没话找话似的,这种心理给自己的生活和工作带来了很大的困扰,也成为与人交往的障碍。

恩格斯曾经说过:"幽默是具有智慧、教养和道德的优越感的表现。"幽默不仅能给周围的人带来欢乐和愉快,同时还可以提高个人的语言魅力,为谈话锦上添花。幽默的批评,可以让人们在笑声中擦亮眼睛;幽默的讽刺,可以在笑声中敲响生活的警钟;幽默的交流,可以在笑声中改变人们的情绪和心态;幽默平息矛盾,可以在笑声中显出人们的洒脱。

众所周知,幽默能显示出女性的风度、素养和魅力,能让人在忍俊不禁、轻松活泼的气氛中工作和学习。那么，怎样才能学会说话幽默呢？

在某公司举办的产品展销会上，几位年轻的女营销人员用专业术语详细地向消费者介绍了产品的性能、使用方法等，给人以业务精通的印象。在回答消费者提出的问题时，她们彬彬有礼、幽默风趣的回答，给消费者留下了非常深刻的印象。

有消费者问："你们的产品真能像广告上说的那么好吗？"营销人员立即答道："您用过后就会发现它会比广告上说的更好。"

消费者又问："如果买回去使用后发现性能并不好怎么办？"营销人员马上笑着回答："不，我们想念您的感觉。"

展销会取得了很大的成功：产品销量大大超过以往，更重要的是，产品品牌的知名度得到了提高。在公司召开的总结会上，经理特别强调，是营销人员语言训练有素才让这次展销如此成功。他要求公司全体人员都应像营销人员那样，在说话上下一番功夫，这样既能提升自己的语言魅力，还能提升公司的整体形象。

英国思想家培根说过："善谈者必善幽默。"幽默的魅力就在于：话无须直说，但却让人通过曲折含蓄的表达方式心领神会。

友善的幽默能表达人与人之间的真诚友爱，能沟通心灵，拉近人与人之间的距离，填平人与人之间的鸿沟。尤其当一个女人，要表达内心的不满时，或和他人关系紧张时，即使是在一触即发的关键时刻，幽默也可以使彼此从容地摆脱不愉快的窘境或消除矛盾。

　　一个善于表达的女人，说话总具有幽默风趣的特征。一个女人出口成趣时，既把别人带入了一个愉悦的氛围，自己也拥有了一个良好的人际关系。因此，幽默是一种应变的技巧，有时能帮助我们在瞬息之间摆脱尴尬的场面。

　　有一位顾客到一家饭店点了一只油汆龙虾。结果菜上来后，他发现盘中的龙虾少了一只虾螯，于是就询问侍者。侍者无法解释，只好找来了店老板孙女士。

　　店老板孙女士抱歉地说："真是对不起先生，龙虾是一种残忍的动物。您点的龙虾可能是在和它的同伴打架时被咬掉了一只螯。"

　　顾客巧妙地说："那么，就请给我换一只打胜的龙虾吧。"

　　老板孙女士和顾客都用了幽默的方式，委婉地指出了双方存在的分歧。这种方式，没有取笑他人，没有批评他人，也没有伤及他人的自尊，既保护了饭店的声誉，又维护了顾客的利益。

　　其实，很多时候我们在帮助别人摆脱难堪的同时，也是在给自己一个台阶下。这个时候，人们称赞的往往不是你的语言功夫，而是你的人品。最重要的是，你因此而化解了很多矛盾，也赢得了很多朋友。

　　钢琴家雯雯一次在某大剧院演奏，结果发现到场的观众不到50%。这让她既失望又尴尬。但是她并未因此而影响演奏情绪。她微笑着走向舞台，用幽默的语言对前来的观众说："我想这个城市的人一定很有钱，因为我看到你们每个人都买了两三张票。"话音一落，大厅里充满了笑声，打破

了尴尬的局面。

雯雯对空座位原因的解释虽然荒诞，但却很巧妙，用幽默产生的愉悦压倒了因观众少而产生的沮丧。

适当的幽默能帮助女性与他人建立和谐的关系，赢得别人的信任和喜爱。幽默不仅能帮女性更好地与他人进行有效的沟通和交往，还能帮助她们处理一些特殊的人际关系，让她们能顺利地摆脱困境。

一次，一个女翻译与士兵们一起开庆功会，在与一个士兵碰杯时，那个士兵由于过于紧张，举杯时用力过猛，竟将一杯酒泼到了女翻译的头上。士兵当时吓坏了，可女翻译却用手擦擦头顶的酒笑着说：" 小伙子，你以为用酒能滋养我的头发吗？我可没听说过这个偏方呀！"说得大家哈哈大笑，也让这个士兵对女翻译充满了感激和崇拜。幽默的女人，说出话来虽让人感到如憨似傻，却因心境豁达，反而令人感受到她朴实的天性和无穷的智慧。如果女人都能拥有一份旷达朗润如万里晴空的心境，她们说的话，也就完全能够达到"无意幽默，但却幽默自现"的境界。

善于使用幽默的女人，她们常常能将窘迫的情境化为乌有，这实在令人羡慕。事实上，当交流陷入尴尬的境地时，无论是名人还是普通人，无论是随机应变还是荒诞推理，一些幽默技巧的运用，可以让自己摆脱尴尬，甚至还会给对方以回敬。

有个女议员发表演讲，在大家都侧耳倾听时，突然座位中有一个听众的椅子腿折断了，这个听众顺势就跌落在地面。此时，听众的注意力马上就分散了，女议员见状急中生智，紧接着椅子腿的折断声大声说道："诸位，现在都相信我所说的理由足以压倒一切异议声了吧?"话音一落,底下立即响起了一阵笑声,随后,就是热烈的掌声。

在人际交往中,我们轻松幽默地开些得体的玩笑,可以松弛神经,活跃气氛,营造出一个适于交际的轻松愉快的氛围,因而幽默的女人常常受到人们的欢迎与喜爱。

总之,幽默是一种情趣,它能有效地润滑和缓解矛盾,调节人际关系,给我们周围的人带来欢乐。因此,如果女人说话时能带点幽默,就能更好地赢得他人的赞赏。

♥ 融洽的氛围可以调侃出来

女人聊天说话的时候,适度地开个玩笑,调侃一下,能够营造一个融洽欢乐的说话氛围。有的时候,我们和他人聊天觉得气氛太过平淡,大家因为没有话题或者陷入尴尬,都不知道说什么话好,这种情况下,调侃一下能够让枯燥紧张的气氛活跃起来。

我们可以因地制宜,寻找可以拿来作为调侃对象的事情或人,开一些无伤大雅的玩笑;还可以就事论事,用幽默的话语使尴尬的气氛得到缓和。

和陌生的朋友初次见面的时候,因为大家都不熟悉,现场气氛难免时常陷入沉默。冷场的时候,聪明的女人要快速转动脑筋,仔细观察,找一个又合适又有趣的话题打开僵局,将气氛带动起来。

有的时候女人和别人聊天,聊着聊着气氛便不甚融洽,眼看着就要往不愉快的方向发展,这个时候聪明的女人会巧转话头,调侃一番,让大家在幽默的话语中开怀一笑,

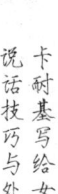

忘掉之前的不愉快。

张云晨是个很有主张的女人，所以在家里，张云晨管老公管得非常严。老公是个脾气好的人，但有的时候也会产生抱怨。

这天，张云晨的老公要外出一趟，张云晨说："老公，你在外面少和朋友喝酒，不准和漂亮的女性朋友多说话。还有，吃饭的时候少吃油腻的东西，多吃蔬菜。吃完饭不能跟着他们去别的地方玩，晚上9点以前必须回家……"老公边穿外套边打断张云晨的"例行条例"，发牢骚说："人家老公在家里都是一家之长，我在家就像个儿子一样被你管，让人家知道我怕老婆还不笑话死我。"

张云晨看着老公委屈的模样，笑眯眯地说："老公你不知道，男人怕老婆好处多着呢！你看，男人怕老婆首先能长寿，老婆管老公，男人不抽烟少喝酒，生活习惯好了身体自然就好，还不长寿？再一个，怕老婆还能省钱，少花一些交际应酬方面的冤枉钱。怕老婆的男人还有利于今后的事业发展，你想啊，怕老婆的男人因为长期惧内，磨炼出细心谨慎、反应迅速的个性，这可是在职场上很重要的素质呀！"

老公被张云晨这一套一套的话逗得哈哈大笑，只好说："好好好，这么多好处，别人还求不来呢，我就好好享受好了！"

张云晨在面对老公的抱怨的时候，并没有针对老公的话反驳或者用命令的口气让老公不许抱怨，而是拿老公"怕老婆"这个话题，用"一本正经"的语气调侃了一番。这样的俏皮话不但让老公心中的抱怨消失，还促进了双方的感情。

人生并不总是舒心如意，遇到令人不快的事情，若是用过于严肃的态度生活，难免太沉重，生活也会笼罩着一片灰暗。如果换一种心态，在生活中调侃一下，就会显得诙谐幽默，大度自然，每天都会很阳光、很光明，充满希望和快乐。女人在面对一些尴尬或令人不快的境地的时候，调侃几句还能够将自己从中解脱出来。擅长言辞的女人同时也是一个心存快乐的女人，她会给自己身边的人带来莫大的欢乐。

　　美国有一个著名的女影星，在她演艺事业的巅峰时期，她美丽的身姿一直活跃在银幕上。但是时光易逝，这位女影星晚年的时候却苗条不再，日渐发胖。正因自己身体太胖，当朋友多次邀请她一起去海滨浴场游泳，她都因为不好意思去，找尽各种理由推辞。

　　但是有一次，一位娱乐记者偏偏就针对这个问题向这位女影星发问："尊敬的女士，您是不是因为自己身材太胖，怕出丑才不去海滨游泳的？"

　　这位女影星想了一下，非常干脆地回答道："是的，我是因为自己胖才不去游泳的，因为我怕我们的空军驾驶员在天上看见我，会把我当成一个新生的岛屿。"

　　周围的人听后，发出阵阵欢呼声和笑声，不由得鼓起掌来。

　　这位女影星非常善于调侃，她用自嘲的口吻、夸张的手法化解了尴尬，既没有被记者牵着鼻子走，又很好地活跃了整个场面的气氛，同时还给大家留下了一个豁达开朗、诙谐幽默的良好印象，显示出自己不凡的人格魅力。

　　平淡无聊的生活太过乏味，尴尬难堪或者伤心绝望也会给人们带来伤痛。会调侃的女人懂得如何给生活添加作

料,让生活瞬间换一个味道,即使心情郁闷,也能通过调侃自己的方式给别人传达自己乐观坚强的信息。学会用调侃的态度面对生活的女人,是一个热爱生活、大智若愚的女人。因为她身上闪耀着幽默的人格魅力,会得到更多朋友的喜爱和欢迎。

但是,我们需要注意的是,调侃要有一个尺度,尤其是那些可能让对方尴尬或误会的话不说为妙。不论是和陌生人第一次会面,参加同事聚餐,还是和朋友亲人聊天,女人要想活跃气氛,千万注意不要将调侃引入歧途,不要说一些不雅或者敏感的话题,否则只会适得其反。

女人在调侃自己的时候可以不必顾及太多,但用在别人身上时就一定要注意分寸,千万不可肆无忌惮地调侃。调侃的目的是活跃气氛,聪明的女人都会把握好调侃的分寸。同样的话用在不同的场合以及不同的人身上不一定都合适,说话的时候女人一定要入乡随俗、因人而异,只有这样才能获得一个好人缘,做一个幽默诙谐的女人。

❤ 会幽默赞美,你还怕不受欢迎吗

赞美别人固然会让别人开心,如果赞美的话语用幽默的方式说出口,更能让对方高兴,对说话者的印象也会更为深刻。幽默是人际交往中不可或缺的赞美方式。它不仅能为你赢得更多的朋友,还会让你的赞美显得自然而真实,更容易被对方接受。

"虚荣心"是人皆有之的,对别人讲的赞美话,谁都免不了会沾沾自喜。但是赞美不能千篇一律,因为千人千

面，没有谁会喜欢过于"大众"的赞扬话。

苏羽宁记性不好，一些偶然遇见的人，隔一段时间她就会忘得干干净净。一次苏羽宁去参加一个户外运动俱乐部，相熟的朋友给她指了指一个年轻女孩，问她："你看这是谁？"

苏羽宁顺着朋友指的方向，看见一个秀气的女孩向她微笑，心里想："这是谁？我见过吗？我可完全不记得了。"苏羽宁只好不好意思地笑笑，说："我想不起来了。"只见那女孩脸上有点失望。

经过朋友的提示，苏羽宁才想起来，这是两年前他们外出旅游的时候路上碰见的一个女孩，苏羽宁还帮这个独自登山结果受伤的女孩包扎过伤口。

苏羽宁笑着说："是你呀！哎呀，真是女大十八变，才两年你就漂亮了一大截，难怪我认不出来你呢！"那女孩顿时笑了起来，和苏羽宁聊了起来。

苏羽宁用幽默的话语巧妙地避开了自己记性不好造成的尴尬，还顺带赞美了那女孩的漂亮，自然将整个气氛都调动起来了。不过，赞美别人也不是张张口、说说好话就能达到目的，尤其是在赞美一些小人物、小事件时，更要有一个分寸。

大文豪萧伯纳曾说过："每次有人吹捧我，我都头痛，因为他们捧得不够。"可见，赞美的话是人人爱听的，关键是说话的人能不能把赞美的话说到位。虽然大家都喜欢幽默的人和幽默的话，但幽默的赞美也要注意对策，并非任何赞美都能使对方高兴。只有别出心裁的赞美，才能打动对方的心。

林诗是一家广告公司的业务经理,有一次她约一个客户及妻子吃晚饭,并想在晚饭时间谈生意。客户带着自己的妻子准时赴约。林诗见到客户的妻子后,便夸赞道:"您的夫人真是太漂亮了!"

客户客气地说道:"哪里!哪里!"

林诗一听,想起一个笑话来,就笑眯眯地说:"您的夫人哪里都漂亮,特别是眼睛,明亮有神,气质也非常出众。"

客户一听,心领意会,于是大家哈哈大笑起来,商业洽谈在愉快的氛围中开始了。

赞美也是门大学问,一定要有策略。称赞别人是件好事,但却并非易事,如果赞美得不够或者赞美不到位,就容易吃力不讨好。女人用开玩笑的方式,更能够达到称赞的效果,还能让人耳目一新。

孙晓茹非常风趣,朋友都说她是看着《幽默大王》长大的,十足是一个"幽默女王"。有一次,孙晓茹和朋友去吃饭,有一道菜摆成了一个非常别致的形状。孙晓茹看见就说:"这厨师八成是自学过美术,你们看这菜,十足是个美工雕塑!"大家都被逗乐了。孙晓茹的话传到了厨师的耳朵里,厨师特意为他们免费送了一盘水果沙拉。

赞美自然是要让被赞美的人觉得高兴,产生自我满足感。光是让对方吃赞美的"面包",有的时候难免会觉得单调。聪明的女人只要在面包上加一些幽默的"果酱",对方会更容易接受,会满心欢喜地吃下去。

❤ 表达善意时，不妨开个小玩笑

幽默能让大家感到轻松愉快，善于运用幽默的女人会让自己妙语连珠。在与人相处的过程中，真正的幽默既要得体又要让对方体会到自己是在明确地示好，而不是让人感觉到你的低级趣味。如果运用得好，友善的幽默会在第一时间营造出一个愉悦的交际氛围。

每天早上上班高峰期公交车都很拥挤，有时候几乎是人贴人，每个人都不得不忍受这种"亲密接触"。

季小璐个子不高，被挤得受不了了，又看见身边的人都紧锁眉头，于是计上心头，喊道："喂，朋友们，大家都吸一口气，缩小些体积，我挤得快成相片了！"

被挤得愁眉苦脸，甚至想发火的人们听到此话都忍不住露出了笑容，还有的"扑哧"笑出了声。自然，季小璐身边的人主动为她挪了一点地方，让季小璐缓解了被挤的痛苦。

季小璐用自己的幽默，不但达到了目的，还让车内的人心情转好。在人际交往中，我们轻松幽默地开个友善的玩笑，可以松弛神经，活跃气氛，营造出一个适于交际的氛围，因而幽默的人常常受到人们的欢迎与喜爱。

百货公司大减价，购货的人又推又挤，每个人都被挤得憋了一肚子火，说是一点就着也不为过。有一位中年女士愤愤地对收银小姐说："幸好我没打算在你们这儿找'礼貌'，在这儿根本就找不到。"收银小姐沉默了一会儿，彬彬有礼地说："您可不可以让我看看您的'礼貌'样品？"那位女士愣了片刻，笑了。一场冲突就这样被化解。

这名收银小姐用俏皮幽默的玩笑话，让原本紧张的气氛顿时友善活泼起来，也避免了原先有可能会发生的争执冲突，可谓是一个善于运用幽默的聪明女人。

友善的笑话不仅能够化解陌生感，还能够化解人与人之间生硬紧张的情绪，有时还能够化解矛盾。需要注意的是，女人在开玩笑的时候一定要把握好幽默的度，不要弄巧成拙。玩笑一旦开得不好，幽默过了头，友善的效果就会适得其反。

友善的幽默是感情互相交流的过程。如果借幽默来达到对别人冷嘲热讽、发泄内心厌恶和不满情绪的目的，那么这种玩笑就不能称为幽默。当然，也许有些人不如你口齿伶俐，表面上你占到上风，但别人一定会认为你不够尊重他人，以后也不会愿意和你继续交往。

一位年轻画家最近找到了一处新房，准备搬进去前对好友说："我打算将墙壁好好地粉刷一下，然后在上面画几幅画，你们看行吗？"

深知年轻画家水平的好友，都暗暗发笑。有个朋友心直口快："就你的画画水平，还是别献丑了。"画家听了面露不悦。

这时，画家的女朋友善意地开了个玩笑："我看你还是先画几幅画，然后，再将墙壁好好地粉刷一遍。"年轻画家听了一笑，要在墙上画画的念头就此作罢。

女人在开玩笑的时候，一定要分清场合，还要注意自己的玩笑会不会产生歧义，让人误解。一般来说，女人最好不要开自己长辈的玩笑，对自己的上级也最好不要开过分的玩笑。同龄人之间开玩笑的时候，要注意对方的性格，太敏感内向的朋友最好不要乱开玩笑,因为对方很有可能不领情,将你的善意看作嘲笑和讥讽。

女人的幽默一定要优雅得体,开玩笑的时候也是一种对自己美好形象的塑造。如果幽默者的思想情趣与文化修养高雅健康,说出来的玩笑话就容易显得友善。幽默内容粗俗或不雅,固然也能博人一笑,但过后就会感到乏味无聊。只有内容健康、格调高雅的幽默,才能给人精神享受,还能让人事后回味。

真正友善的玩笑能够瞬间消除双方的心理隔阂,能让大家相谈甚欢。聪明的女人也是一个幽默艺术家,一个小玩笑就可以为大家塑造一个融洽、欢乐的氛围,别人怎么会不喜欢这样的女人呢?

❤ 幽默,消除尴尬的"利器"

在我们的生活中常常会遇到一些令人尴尬的场面,比如打碎碗盘、弄错事实、迟到等,女人要想让自己迅速从窘境中摆脱出来,幽默就是一个绝佳的妙招。聪明的女人在遇到尴尬的时候,总是不慌不忙,靠自己的机智和风趣,将棘手的难题轻松地化解掉,将尴尬的场面变得轻松随意。这样的女人能够随时随地化解自己和他人的尴尬,自然会很受欢迎。

聪明的女人善于利用当时的情势,用幽默的方式做一番自我解嘲或者巧用一些托词,就很容易将原本没有面子的场景变成皆大欢喜的局面。

有一家饭店的卫生不太好,经常有顾客会在用餐时发

生一些不愉快的事情。一次,一位男士在吃饭时,竟然在碗里发现了一根头发,于是把女服务员叫来,问道:"你们餐厅是不是换新厨师了?"

女服务员很诧异地说:"是呀,您怎么知道的?"

那位男士说:"当然知道啦,平日的碗里总有一根白头发,今天的碗里是根黑头发。"

女服务员灵机一动,脱口而出:"先生,您说的可能是以前的情况,可是现在我们的厨师是一位秃子。"

这位顾客非常聪明地发挥了他的幽默,既向对方委婉地表达了自己对该餐厅饭菜卫生的意见,又给对方留了面子,使对方不至于恼羞成怒。而更绝的是餐厅的女服务员,又用幽默成功地帮助自己和饭店走出了尴尬。在一片欢笑声中避免了一场口舌纠纷。

曾雪是一位教师。一天,她第一次去上课,就赶上了一场大雨。她要赶到讲课的地方,要坐好几站公交车,因为下大雨,公交车好久都没有来。没办法,曾雪只能徒步赶往授课地点。

当曾雪从住处赶到授课地点时,晚了10多分钟,一推教室的门,迎接曾雪的是几十双清澈而明亮的眼睛。

曾雪为自己的迟到感到非常抱歉,她走上讲台,向同学们鞠了一躬,然后说:"不好意思,让同学们久等了。我是讲《公共关系学》的,但和老天爷的关系没处理好。瞧,老天爷一点也不给我面子……"曾雪幽默的道歉顿时激起了同学们的欢笑和阵阵掌声。初次上课便迟到的尴尬早已消失不见了。

当你遭遇一些不得已的情况的时候,幽默的话语能让你将自己的苦衷表达出来，还能给他人带来一笑，可谓是只有利处，没有弊处。此外，当女人遇到别人带有侮辱性言辞的时候，幽默的语言还能助自己一臂之力，让自己既不会失了风度，还能予以反击。会说话的女人也要学会用幽默的话语保护自己不受到伤害。

公共汽车上，一个中年妇女上车后忙着找座没来得及买票。等车开起来之后，才从座位上站了起来去买票。一个女孩正愁找不到座位，忽然面前空出一个座位，就赶紧过去坐了下来，舒服地向车窗外望着。

可是，很快有人拍她的肩膀，她转头一看，是刚才那个中年妇女，她一愣："她怎么又回来了？"刚要起身，只见中年妇女晃了晃手中的车票说："让开！下蛋不勤，孵蛋倒挺勤的！"

女孩马上站了起来，彬彬有礼地说："对不起，耽误您下蛋了！"中年妇女闹了个大红脸，一句话也说不出来。

生活中，谁都不想陷入尴尬之中，女人的幽默能够化解尴尬，让整个氛围恢复正常。有的时候，我们可以运用相反的思维，将幽默渗透到整个生活当中去，那么欢乐会越来越多，尴尬会越来越少，我们的生活也会越来越轻松。

♥ 面试时，幽默的自我介绍让你成为焦点

很多女人在求职参加面试的时候都会产生紧张情绪，正因为如此，很多有能力有才华的女人失去了很多被面试官相中的机会。而对于面试官来说，一个羞怯、紧张到慌乱的应聘者并不能得到他的信任。聪明的女人善于发挥自己的特

长,在面试的时候幽默一下,调节一下气氛,会为自己的面试增加胜算,在人数众多的应聘大军中脱颖而出。

人人都喜欢有幽默感的人,面对各种应聘者的面试官也不例外。幽默是一种优美、健康的品质,也是人与人之间的润滑剂,在相互陌生的人们之间,是拉近心理距离的最佳助力。幽默能够体现一个人良好的心理素质、敏锐的反应能力。要想让面试官对你有一个好的第一印象,恰如其分的幽默感能够获得绝佳的效果。

女人在面试的时候,要多动脑筋,一个幽默而别出心裁的自我介绍能够让面试官对你印象深刻,对你好感倍增。因此,你可以提前进行精心的设计,不打无准备之仗,才能在面试的场合牢牢抓住面试官的注意力。

林子梅是上海一家知名大学广告系的毕业生,为了找到一份称心的工作,跑遍了招聘市场,还在网上投递简历。一个月之内林子梅得到了好几次面试机会,但是面试过后就没了音信。为此林子梅找到一个学长询问经验。学长说要想让面试官记得自己,就要用别出心裁的方式。林子梅思考了几天,想出了一套幽默而恰如其分的自我介绍词。

过了没多久,林子梅又一次接到了一家公司的面试通知,她经过精心准备前去参加面试。进入面试场地,林子梅礼貌地打过招呼之后,便开始了自我介绍:"面试官您好,今天我想为贵公司推荐一款产品。这款产品是1983年中国制造,长167厘米,毛重55千克。本产品采用人工智能,各局部零件完全,运转稳定,经20多年的运转,属质量信得过产品。该'产品'为名牌医科大学出品,手续完全,试用不合格包退包换。现因产品急需一个展示自己优良性能的天地,希望贵公司能够考虑采用这款产品。"说着,林子梅将自己的简历及各项证书递上:"请您阅读产品说明书。"

面试官被林子梅搞笑的自我介绍逗乐了,说:"广告业需要的就是你这样有意思、有创新意识的年轻人,这样吧,如果你没有别的考虑,下周来办理入职如何?"林子梅心中欣喜万分。

当面试官用公事公办的态度说:"非常遗憾,我们公司不能录用您。"聪明的女人会俏皮地说:"既然您非常遗憾,为什么不给我一次机会呢?"在让对方舒心一笑的同时,还有可能在面试中反败为胜,破例得到一次难得的机会。

当面试官问到一些不好回答或者不容易回答好的问题的时候,幽默也可以帮大忙。比如面试官问:"你为什么来应聘这份工作?"聪明的女人会这样回答:"不合群的火柴总是会受到排斥,但是我了解了贵公司之后发现,我可找到组织了!"当面试官问:"你认为你有什么优点和缺点?"女人可以这样说:"我最大的优点是认真,我最大的缺点是太认真!"这些带着幽默的自我表达既不会让面试官反感,还会让面试官觉得你的自我介绍生动鲜活。

幽默的自我介绍能够向面试者传达一个信息——我的心态是健康阳光的。此外,还可以用幽默的方式表达自己的优缺点、性格特点、特长爱好等各个方面。

一位叫夏雪的女孩在参加一个公司的面试的时候,就有这样一段幽默风趣的自我介绍:

"大家好,我是夏雪,因为出生那天刚好下了一场大雪,老爸又刚好姓夏,于是就叫'下雪'了。

我为人热情大方，有朋友还说我挺幽默。我比较喜欢烹调，比如烧开水什么的都难不倒我。我的特长是研究做菜，比如如何煮方便面才能不糊锅。开个玩笑，各位不要介意。我也是个文学青年，偶尔读读美容杂志，看看娱乐八卦。我也经常参与一些体育锻炼，比如爬山、游泳、打羽毛球。其实说这些，是为了说明我爱好广泛，希望大家能够认同我。

不过除了上面的特长，我毛病也挺多的，比如爱睡懒觉、爱上网、爱嘻嘻哈哈地和人打闹。不过，除了这些缺点，我是非常乐于交朋友的。"

幽默就像一把魔法手杖，女人如果能够用好它，轻轻一挥就能够将沉闷的面试气氛带动起来，获得面试官的青睐。当然，面试中的搞笑幽默最好不要刻意装扮，就算一个女人再怎么能言善辩，也不可能装作非常幽默。幽默是装不出来的，当你觉得自己想出来的搞笑话语并不是十分合适的时候，最好不要说出口，老老实实地回答问题才是最佳选择。

需要注意的是，面试成功与否归根结底还是要靠自己的实力，幽默搞笑的自我介绍只是能够让面试官记住你，对你有个深刻的印象，并不能够决定面试的成败。面试中的搞笑要掌握分寸，一旦过了合适的度就会显得油腔滑调，给人留下态度不严谨的不良印象。特别是面试一些要求庄重、严肃的工作，如政府部门的岗位，最好不要显示你的幽默，而应以得体大方的形象进行面试。

♥ 利用幽默制造一个浪漫的约会

恋爱的时候，双方陷入爱河，彼此都在憧憬着美好的恋情，可是约会的时候因为羞涩，两个人的交谈常常会陷入无话可说的沉默场景。要想打破约会时的沉闷气氛，开个玩笑幽默一下能够让气氛更为轻松，会促进双方的感情交流。想要抓住恋情的女人，要有勇气和对方多加交流。幽默的话语可以打开对方的心扉，可以让双方的感情加深。俗话说：笑了，事情就好办了。如果他肯露出灿烂的笑容，那下一步就容易得多了。

要想拥有一个气氛浪漫融洽的约会，怎么调动起交谈的气氛很重要。女孩子不要害怕对方表现出来的严肃的感觉，也不要一味地害羞而错过良缘，尽量保持一颗平常心，和对面的男士交谈。你可以尽可能地利用一切可见的情境、可捕捉到的线索幽默一下，跟他开个玩笑，双方之间的紧张情绪就会很快消散。

沙小薇在约会地点等待她的男朋友，忽然她的眼睛被一双熟悉的大手给蒙住了。接着，她听到了男友的声音："猜猜我是谁？你有三次机会，如果三次你都猜不出来的话，你就得接受我的吻。"

沙小薇做思考状，试探地问："你是……周杰伦、王力宏，还是古天乐呢？不对不对，你一定是金城武对不对？"

话音未落，她就迎上了男友的拥抱和热吻。感情急剧升温，两人沉浸在了甜蜜中。

文中的沙小薇故意猜不对问题，但又不会让男友不

满,还获得了男友柔情蜜意的亲吻,都是幽默的功劳。心思巧妙的女人善于运用这些说话的技巧,能够让双方的感情升温,能够让彼此的关系更加亲近。

有的时候,约会并不总是甜甜蜜蜜或你敬我让,偶尔的打情骂俏更能够体现双方的亲密感。聪明的女人在约会中感到不满,会采用委婉的方式让自己的男朋友知道,一句幽默的话语不仅不会让对方失面子,还能达到"似嗔非嗔"的效果,增进双方的感情。

一对未婚夫妻参加聚会,女孩发现未婚夫一直在不停地偷看身边坐着的那位艳丽的女郎,而对身边的自己不闻不问,于是,便在他耳边悄悄说道:"你和她说句话吧,不然别人会以为她是你的未婚妻的!"

看,这女孩子多聪明,一下就把男友从失态中唤了回来。她用幽默的方式将这种"攻击"钝化,又满含着一点醋意的撒娇,相信任何男人都会接受,而且会觉得非常可爱。

约会的时候有些话不好意思直说,女人就可以将它委婉地表达出来,先披上一层幽默的外衣,更容易被自尊心强的男人所接纳。

安馨如与黄志坚是一对恋人,他们在同一家公司上班。可是恋爱时间久了,感情也不如刚开始那么热烈了,甚至有些降温的趋势。黄志坚渐渐发现,安馨如和别的朋友在一起时,总是有说有笑的,很愉快;而与自己在一起时,却没有了过去的幸福甜蜜。黄志坚不知道哪里出了问题,但他想挽回安馨如的心。

周末,他特意邀请安馨如到公园赏花。中午,公园的鲜花被太阳晒得微微弯下腰来,黄志坚抓住机会对安馨如说："馨如，你是世界上最美丽的女孩。你瞧，鲜花在你面前都自愧不如，害羞得抬不起头了。而也只有我，才配做烘托你的绿叶。"

"那仙人掌为什么还直挺挺地站立在我面前呢？"安馨如一边用手指着仙人掌一边问黄志坚。

黄志坚顺着安馨如的问题答道："你怎么用它来比喻呢？仙人掌呆头愣脑，皮又厚，身上还长满了刺，多让人讨厌啊！"

"是啊，你说它为什么就不知道害羞呢？"安馨如一语双关地说道。

安馨如运用了一语双关的语言技巧，明里是说仙人掌的不足，实际上是在用它隐喻黄志坚。一句幽默的话，既含蓄地讽刺了黄志坚的甜言蜜语，又委婉地指责了他在谈恋爱时呆头愣脑，没有情趣，就像仙人掌一样。安馨如这样的幽默不仅不显得过分，而且还能清楚地点出对方的不足，有助于感情朝着更加顺利的方向发展。

约会的地点大多会选在环境优美、条件便利的公园、咖啡厅、电影院、商场等地方，这些约会的地点并不缺乏可以作为幽默对象的谈资。此外，很多事情都可以拿来作为幽默的素材，聪明的女人要善于发现生活中有趣的地方，才能在约会中调动起快乐、甜蜜的气氛。

在约会中，会说话的女人会显得格外聪慧美丽。幽默不仅能够让对方展颜开怀，还能让双方相处得更为轻松。如果一个女人有漂亮的外表和华丽的衣饰，谈吐中却只有死板、乏味的话语，那么再怎么美丽也只会让优秀的男士想逃。聪明的你，赶紧在约会中发现幽默有趣的地方吧，你一定会收获最美好的爱情。

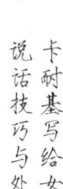 幽默小妙招

女人在说话的时候，恰当有趣的幽默能够化解矛盾和尴尬，能够调动起气氛，能向周围的人传达自己的自信和快乐。那么，如何掌握幽默的要领和技巧呢？女人就要多学几招了。

1. 学会自嘲，苦中作乐笑自己

幽默中有一条重要的法则，就是宁可取笑自己，也不要取笑别人。取笑自己也就是所谓的自嘲。自嘲，是女人幽默的最高层次，口才好的女人以自己为对象来取笑自己，可以消释误会，抹去苦恼，感动别人，并获得自尊自爱的效果。自嘲似的幽默不仅能够使你魅力倍增，而且可以帮你化解尴尬，提高个人魅力。

有一位著名的女主持人，有一次在一场大型文艺晚会上担任主持人。在演出过程中，她不小心在下台阶时摔了一跤。只见她沉着地爬起来，对台下的观众说："真是马有失蹄，人有失足呀。我刚才的狮子滚绣球的节目滚得还不熟练吧？看来这次演出的台阶不是那么好下哩！但台上的节目会很精彩的，不信，你们瞧他们。"她这段自我解嘲式的即兴话语非常成功地使自己摆脱了难堪。她的话音刚落，会场就立刻爆发出热烈的掌声。

自嘲运用得好，不但可以为自己解围，还可以使交谈平添许多风采。女人在陷入窘境时，自嘲能显示出你的豁达和自信，还能堵住别人恣意取笑的嘴巴。

2. 巧用黑色幽默

黑色幽默是一种荒诞的、令人哭笑不得的幽默。有的时候，女人不妨采用黑色幽默的方式向他人表达自己的意思。遇到一些难以处理的局面，黑色幽默有的时候是一剂效果神奇的良药。让我们来看看一些聪明的女人是怎么运用黑色幽默的。

一位顾客到商场买了香烟和草纸，于是点燃香烟当场吸了起来。保洁大姐走过来，告诉他："公共场所不许吸烟。"顾客反问："我在这儿买的烟还不让我在这儿抽？"保洁大姐回应："那你还买了草纸，你敢在这儿用吗？"顾客无话可说，只好弄熄烟头。

某品牌的旗舰店新雇用了一个年轻人。年轻人第一天来上班，店长很亲切地跟他打招呼并给了他一把扫帚，告诉他第一项工作就是把环境打扫干净，年轻人很生气地说："我是大学生！"店长反应迅速，马上说："哦，对不起，我不知道您是大学生，请你把扫帚给我，我教你扫地！"

黑色幽默并不仅仅局限于此，用好了能够得到出其不意的效果。聪明的女人学点黑色幽默，能够应付一些不同一般的场面。

3. 巧用词句，妙借修辞

幽默的时候我们可以借用一些字词语句的变化，运用类比、夸张、拟人、比喻、典故、歇后语等修辞手法，达到让人一笑的目的。

传说苏东坡有个妹妹叫苏小妹，苏小妹有一次拿苏东坡那不加修理、乱蓬蓬的络腮胡须作诗取笑道："一丛衰草出唇间，须发连鬓耳杏然。口角儿回无觅处，忽闻毛里有声

传。"苏小妹又看看苏东坡那扁平的额头、相去甚远的双眼以及长长的脸,又一首妙诗脱口而出:"天平地阔路三千,遥望双眉云汉间。去年一滴相思泪,至今流不到腮边。"说完苏东坡和苏小妹一同哈哈大笑起来。

女人特别要注意的是,在表达的时候,一定要符合语境,除了修辞手法,在选词方面要俏皮,句式的选用也要奇特,才能构成令人会心一笑的幽默。

4. 正话反说让你与众不同

有的时候,正话反说也能够达到幽默的效果。正话反说是一种委婉曲折又意味深长的幽默方式,既不会太直接,又能给人留下深刻的印象,体现出女人幽默的含蓄和精妙。

薇诺娜女士到一家酒店用餐,她品尝着刚刚端上来的鱼和肉,颇为感慨地说:"早知道会吃到这样的饭菜,提前几天来就好了。"酒店的招待听了,很高兴地说:"这位女士您真是一个一流的美食家!我们饭店的饭菜确实是非常美味。"薇诺娜女士说:"谢谢您的溢美之词,不过,我的意思是,如果我早几天来,这鱼和肉就该是新鲜的了。"

5. 巧说冷笑话

冷笑话严格来说是一种失败的笑话,因为说笑话的人的原因或者笑话本身,听众很难发笑。但这并不代表冷笑话就是沉闷的,这也是幽默的一种。有很多人以讲冷笑话为乐趣,周围的人也会识趣配合,还夸张地抱臂称"好冷啊"来回应。冷笑话讲得好,就要学会一些小技巧,比如用卖关子的技巧,说得听众一愣一愣的,这样冷笑话就成功了。

6. 巧妙避开"幽默的雷区"

女人的幽默,格外需要注意的一点就是不要碰到"雷区"。所谓"幽默的雷区",就是指一些要慎重对待的方面,在说话的时候一定要注意千万不能随意提及。那么哪些是不可碰触的"雷区"呢?

首先是别人不愿意提及的隐私,比如生理缺陷、家中的"丑事"、不光彩的过往,等等,这些千万不可以拿来乱开玩笑。再就是不要拿讽刺挖苦当作幽默诙谐,把握不好幽默和讽刺的界限,很可能会招致很多不必要的纠纷。善解人意的女人都会体察别人的苦衷,避开这些令别人不快的话题。

还有就是不要拿低级趣味的话题当作幽默,比如一些黄色笑话,带有民族歧视或者贬低宗教的笑话,都不要随意脱口而出。要想做一个优雅美丽的女人,就不要轻易尝试触碰这些方面的话题,避免给别人留下不好的印象。

第三章 聪明的女人说话时滴水不漏

♥ 说话说到位很重要

人与人之间沟通,懂得怎么说话,说什么话,怎么把话说到对方心坎里,这些都是很重要的。嘴上功夫看似雕虫小技,却有可能因此扭转你的一生。

西汉初年,汉高祖刘邦打败项羽,平定天下之后,开始论功行赏。这可是攸关后代子孙的大事,群臣们自然当仁不让,彼此争功,吵了一年多。

汉高祖认为萧何功劳最大,就封萧何为侯,封地也最多。但群臣心中不服,私底下议论纷纷。

封爵受禄的事情好不容易尘埃落定,但众臣对席位的高低先后又起争议,许多人都说:"平阳侯曹参率兵攻城略地,屡战屡胜,功劳最多,应当他排第一。"

刘邦在封赏时已经偏袒萧何,委屈了一些功臣,所以在席位上难以再坚持己见,但在他心中,还是想将萧何排在首位。这时候,关内侯鄂君揣测出刘邦的心思,于是就顺水推舟,自告奋勇地上前说道:"大家的评议都错了!曹参虽然有战功,但都只是一时之功。皇上与楚霸王对抗5年,时常四处逃避,萧何却常常从关中派员填补战线上的漏洞。楚、汉在荥阳对抗好几年,军中缺粮,也都是萧何辗转运送粮食到关中,粮饷才不至于匮乏。再说,皇上有好几次避走山东,都是靠萧何保全关中,才能顺利接济皇上的,这些才是万世之功。如今即使少了一百个曹参,对汉朝有什么影响?我们汉朝也不必靠他来保全啊!你们又凭什么认为一时之功高过万世之功呢?所以,我主张萧何第一,曹参居次。"

这番话正合刘邦的心思,于是下令萧何排在首位,可以带剑上殿,上朝时也不必急行。而鄂君因此也被加封为"安平侯",得到的封地多了将近一倍。他凭着自己察言观色的本领,能言善道,舌灿莲花,享尽了一生荣华富贵。

说话,要懂得什么时候说什么话;说了,要为自己说过的话负责。一个人如果没有真材实料,如果没有真知灼见,从他嘴里吐出来的话也许能一时吸引他人,却不能一世蒙蔽他人。

❤ 看见不同的人,说不同的话

见什么人说什么话,意即当你在和对方交谈时,要尽量使用对方认同的语言,谈论对方熟悉和关心的话题,并且也要视当下的具体情况灵活应变,以便在迎合对方心理的同时，也赢得对方的好感。唯有赢得对方的好感，才有可能得到你想获得的东西，而这也是成就大事的一种语言技巧。

话总是说给别人听的，至于说得好不好，是否有口才，不仅要看话语是否适当地表达了自己的思想和情感，也要看别人能不能确实理解并且乐于接受。如果你所说的话让别人听不懂，或者让人没有专心聆听的意愿，那么这样的谈话还有什么意义呢？

见什么人说什么话，是不是曲意逢迎、逢场作戏呢？可以说是，也可以说不是。可以庸俗化，歪曲为虚情假意，也可以是实事求是，把它理解为人际交流的科学态度。我们主张说话一定要看场合和对象是为了遵循交际规律，进行有效的交流，根本不同于虚伪和圆滑。逢场作戏虽然也有见什么人说什么话的灵活应变性，但它的出发点不是为了把表现自我与适应他人统一起来，不是为了直接交流，沟通心灵，而是为了依附讨好对方，或是蒙蔽诱骗对方。这种人性的扭曲和虚伪的丑态与谈话一定要看对象有本质的区别，我们应当也能够划清这两者的界限，在真诚待人、平等互利的基础上来看对象说话，以科学的态度来掌握人际交流的艺术。

社会上的人有民族、地域、年龄、性别、经历、文化程度、生活习惯、性格特征、职业职务、心理状态、所处环境和兴趣爱好等各种差异，而且每个人都有两种属性，一是群体的社会性，二是个体的独立性。人与人的各种差异和两种属性在交往中既有其和谐的一面，也有其排斥的一面。这样的两重性，再加上人际交流中语言环境的不同变化，这就要求我们说话不仅要看场合，而且还要看对象。语言学家吕叔湘说得好:"此时此地对此人说此事,这样的说法最好;对另外的人,就应该用另一种说法。"

说话要看对象的道理,是众人皆知的。但许多人往往不够重视,往往看得不够深入细致。所以在这里强调:看对象要看对方的基本情况,不仅要看对方的心理态度及其变化,还要看与交际双方有关的人物关系。

冬天大西北的电影院里,常有年轻的女观众入场后不肯摘帽子,影响后面观众的视线。为此,放映员多次打出字幕:"影片放映时请勿戴帽子!"但许多人不予理睬。后来电影院出了绝招,打出字幕通告:"本影院为了照顾年老体衰的女观众,允许她们照常戴帽,不必摘下。"结果,所有戴帽子的年轻女观众全都摘下了帽子,因为她们谁都不愿成为衰老之人。

说话看对象,还要看对方的文化程度。人口普查员填写人口登记表,问一位没有文化的老太太:"你有配偶吗?"老太太很可能听不懂,还会以为你是问她"买藕了没有?"容易闹笑话。

一位大学毕业生被分到一家工厂工作,起初不错。但没过一个月,他发现车间主任对他越来越冷淡了,他怎么也弄不清其中原委。后经一位好心师傅的点拨,他才恍然大悟:原来他在学校待惯了,讲话爱用些术语,什么"最优化方案""程序化""控制论""结构定向"等,而车间主任只上过中专,最烦别人在他面前咬文嚼字,卖弄学识。所以,这位大学生说的话,无形之中触到了领导的"自卑感"。

与智慧型的人说话,需要有广博的知识;与学识渊博

的人说话,辨析能力一定要强;与善辩的人说话,就没有必要啰啰唆唆。与上司说话,就要把话说到他心坎里去;与下属说话,必须让他们感觉到你的慷慨,从你这里他们能得到好处。别人不愿意做的事情,不要勉强;而别人喜欢做的,应给予大力的支持。别人喜欢听的话,要多说;别人不喜欢的,要少说,甚至不说。做到这些就算是管好了自己的嘴。

说话时,说三分就好

俗话说:逢人只说三分话,留下七分自己赏。有些人也许以为大丈夫光明磊落,事无不可对人言,何必只说三分话呢?老于世故的人的确只说三分话,时刻都会为自己留条后路,你一定认为他们是狡猾,是不诚实,其实这是最机智的做法。

说话前需看对方是什么人,如果对方不是可以尽言的人,你说三分真话,已不为少。

孔子曰:"不得其人而言,谓之失言。"对方倘不是深相知的人,你也畅所欲言,以快一时,对方的反应是如何呢?你说的话,是属于你自己的事,对方愿意听你唠叨吗?

彼此关系浅薄,你与之深谈,显出你没有修养;你说的话涉及对方的事,你不是他的净友,不配与他深谈,忠言逆耳,显出你的冒昧;你说的话是属于国家大事,你没有搞清对方的立场就高谈阔论,这样更容易招灾惹祸。

所以,逢人只说三分话,不是不可说,而是不必说,不该说,与"事无不可对人言"并没有冲突。

"事无不可对人言",并不是指你所做的事必须尽情向别人宣布。老于世故的人,是否事事可以对人言,是另一个问题,这里讲的只说三分话,是不必说不该说的话,并不是不诚实,也不是狡猾的表现。

说话本来有三种限制,一是人,二是时,三是地。非其人不必说。非其时,虽得其人,也不必说。得其人,得其时,而非其地,仍不必说。非其人,你说三分真话,已是太多;得其人,而非其时,你说三分话,正给他一个暗示,看看他的反应;得其人,得其时,而非其地,你说三分话,正可以引起他的注意,如有必要,不妨择地另作长谈,这才是通达世故的人。

由此可见,说话也是一门艺术,话说好了万事好,话说坏了毁前程。所以,在说话前必须考虑清楚,想好了再说,否则,别人会认为你是个有口无脑、缺心少肺之人。

有时你的三分话,正体现了你的职业道德。做医生的人,普通病人的病状,或许可以对人提起;如果是患花柳病的人,你就只字不能对别人提及。这是医生的职业道德。

经办银行业务的人,其业务的大概情形,或许可以对人提及,对于存款人的姓名与存款额,你是绝对不可对别人提起的。这是银行职员的职业道德。

这些例子还有很多。有时你因为不能遵守只说三分话的戒条,酿成大祸,往往使你的精神痛苦,甚至于蒙受更大的损失呢!

如果你从事的是机密工作,或者特殊的行业,对人只说三分话,还要局限在重要话题之外。重要话题是一字都说不得的,你说的三分话,应该是风花雪月,应该是柴米油盐,应该是上天入地,应该是稗官野史……总而言之,应该是无关紧要的材料。无关紧要的材料，虽是说得头头是道，兴味淋漓，说得皆大欢喜，其实是言之无物，不会引来什么苦恼。

言有尽而意无穷，有情尽在不言中，告诉别人你话中有话，这就是话说三分、点到为止的艺术，这不失为一种大的智慧，既指出对方的错误，又保全了对方的面子，打动了对方的心。

❤ 看准对象说对话，办事一点都不难

如果我们说话不看对象，不仅达不到办事的目的，往往还会伤害双方的感情。因此，会说话与会求人是分不开的，话说得到位，对方就容易接受。显然，说话水平决定成功与否。所以，在找人之前最好能够在语言上动动脑筋。

说话看对象，究竟要看对象的哪些方面呢？

1. 看对象身份，审时度势再开口

聪明人都是懂得看对方的身份、地位来说话办事的，这也是自己办事能力与个人修养的体现。平常我们所说的"某某人会办事"，很大程度上就体现在"见什么人说什么话"的才智上。这样的人不仅领导器重他，同事也不讨厌他，这样，他们办起事来就比较容易。

明朝开国皇帝朱元璋，少年时当过放牛郎，交了一些穷朋友。称帝后，有两个从前的穷朋友来见他。因两人的话说得不一样，两人的命运也各不一样。

第一个人被引进宫内，他一坐下便指手画脚地说："我主万岁！皇上还记得吗？从前你我都替财主放牛。有一

天我把在芦花荡里偷来的青豆放在瓦罐里煮,没等煮熟,大家就抢着吃。你把罐子打烂后只顾从地上抓豆吃,结果把草叶送进嘴里,卡住了喉咙,后来我给你出主意,叫你把青菜叶吞下,才把卡在喉头的草叶咽进了肚子里。"朱元璋听了在百官面前哭笑不得,为了保住体面,他把脸一沉厉声喝道:"哪来的疯子,给我乱棍打出去!"

这个抱头窜出的倒霉蛋,去给朱元璋的另一位昔日一起放牛的旧友说了这件事。那个人抿嘴一笑,说:"你看我去,保得富贵。"于是他大摇大摆走进宫来,见到朱元璋,倒头便拜,然后叙起旧来:"皇上还记得吗?当年微臣随着你大驾,骑着青牛去扫荡芦州府,打破了罐州城,汤元帅在逃,你却捉住了豆将军,红孩儿挡在了咽喉之地,多亏菜将军击退了他。那次战斗我们大获全胜。"朱元璋对旧友吹嘘的那场战争心知肚明,但他却把丑事说得含蓄动听,面上有光,又想起当年大家饥寒交迫有难同当的情景,心情激动,立即封这位旧友为御林军总管。

对于同一件事,一个是直通通地说,结果被赶出去;一个委婉曲折地说,结果做了大官。话说得不一样,效果也会有天壤之别。在这个例子中,朱元璋的身份已不是昔日的放牛娃了,若不审时度势,非但求人不成,还可能会惹来祸端。

2.看对象文化素质,有的放矢功自成

进庙烧香要看神,办事说话要看人。做人应该进退自如,说话必须面面俱到、游刃有余。话总是说给别人听的,言语表达一定要看办事所找的对象,要受对象的身份、职业、经历、文化修养、性格、处境和心情制约。射箭不看靶

子,弹琴不看听众,说话无的放矢,办事效果肯定好不了。我们看看李老先生是怎么办事的,结果又是怎么样的。

李老先生的儿子要做生意,需要付先生帮忙,于是,李老先生就想着替儿子打通关系。一天,李老先生和他老伴到百货公司去买夏装,正遇上付先生一家三口也在选购夏衣。于是,他上前去和付先生打招呼,当他见付太太为她的女儿买连衣裙,正不知买紧身的好还是宽松的好时,李老先生自告奋勇地上前独抒己见:"付太太这么疼爱女儿,贵千金正值破瓜之年,鄙人陋见还是买宽松的为好……"李老先生的话还没说完,付太太的脸就变成铁青色了,开口骂起来:"你这糟老头莫乱说话!你少在那里说破瓜破瓜的!关你屁事!"那边付先生听到李老先生说的"破瓜"二字,也摩拳擦掌地扑过来要打李老先生,好在在场的人手脚快,李老先生才避免了一顿暴打。李先生为此老脸无光,谈生意帮忙的事只能不了了之。

原来付先生与付太太文化水平都不太高,他们把"破瓜"理解成了"破烂""破衣""破鞋""破罐破摔"的含义,而《辞海》上的解释是:"二八字以纪年,谓十六岁。诗文中多用于女子。"由此看来,李老先生说付先生的女儿"破瓜之年"并没有错。但一个"破"字出口,对方听来认为是对他们千金的侮辱,听着不顺耳、不顺心、不顺气,他们火冒三丈也是可以理解的。是李老先生"弹琴不看听众,说话不看对象"才造成了这样的局面。如果李老先生说"阳光靓妹""纯情乖女""娇贵千金"……选听了心里舒服的词语来说给人家听,那才是真正的会说话,要替儿子办的事才有可能顺利地办成。

再来看这样一个事例:

孔子带着几名学生出外讲学、游览,一路上十分辛苦。这天,孔子一行人来到一个村庄,他们在一片树阴下休息,正准备吃点干粮喝点水,不料,孔子的马挣脱了缰绳,跑到庄稼地里吃了人家的麦苗。一个农夫上前抓住马嚼子,将马扣下了。

子贡是孔子最得意的学生之一,能言善辩。他自恃口才不凡,自告奋勇,上前去说服那个农夫,争取和解。但他满口之乎者也,大道理讲了一串又一串,可农夫就是听不进去。

有一位刚刚跟随孔子不久的新学生,论学识、才干远不如子贡。当他看到子贡与农夫僵持不下时,便对孔子说:"老师,请让我去试试看。"

于是,他走到农夫面前,笑着对农夫说:"你不在遥远的东海种田,我们也不在遥远的西海耕地,我们彼此相隔不远,我的马怎么可能不吃你的庄稼呢?再说了,说不定哪天你的牛也会吃掉我的庄稼哩,你说是不是?我们该彼此谅解才是。"

农夫听了这番话,觉得很在理,责怪的意思全消了,于是将马还给了孔子。旁边几个农夫也互相议论说:"像这样说话才算有口才,哪像刚才那个人,说话不中听。"

这样看来,说话必须看对象、场合,否则,你再能言善辩,别人不买你的账也是白费口舌。

总而言之,与不同的人谈话,就要采用不同的谈话方式。因人而异,才能做到把话说活。办事要善于洞察人心,更要见机行事、刚柔并济,才能逢凶化吉、转难为易,说起话来才能让别人愿意接受，只有这样，你办起事来才能水到渠成。

❤ 摸准对方性格，说话时投其所好

人各有其情，各有其性。有的人喜欢听奉承话，给他戴上几顶高帽，他就会使出浑身力气帮你办事；有的人则不然，你一给他戴高帽，反而引起了他敏感性的警惕，以为你是不怀好意；有的人刚愎自用，你用激将法，才能使他把事办好；有的人脾气暴躁，讨厌喋喋不休的长篇说理，求他办事，说话就不宜拐弯抹角。

外交史上有一则逸事：一位日本议员去见埃及总统纳赛尔，由于两人的性格、经历、生活情趣、政治抱负相去甚远，总统对这位日本议员不太感兴趣。日本议员为了不辱使命，搞好与埃及当局的关系，会见前进行了多方面的分析，最后决定以套近乎的方式打动纳赛尔，以达到会谈的目的。

下面是双方的谈话。

议员：阁下，尼罗河与纳赛尔，在我们日本是妇孺皆知的。我与其称阁下为总统，不如称您为上校吧，因为我也曾是军人，也和您一样，跟英国人打过仗。

纳赛尔：嗯……

议员：英国人骂您是"尼罗河的希特勒"，他们也骂我是"马来西亚之虎"。我读过阁下的《革命哲学》，曾把它同希特勒的《我的奋斗》作比较，发现希特勒是实力至上的，而阁下还充满幽默感。

纳赛尔：（十分兴奋）呵，我所写的那本书，是革命

之后，花3个月时间匆匆写成的。你说得对，我除了实力之外，还注重人情味。

议员：对呀！我们军人也需要人情。我在马来西亚作战时，一把短刀从不离身，目的不在杀人，而是保卫自己。阿拉伯人现在为独立而战，也正是为了防卫，如同我那时的短刀一样。

纳赛尔：（大喜）阁下说得真好，以后欢迎你每年来一次。

此时，日本议员顺势转入正题，开始谈两国的关系与贸易，并愉快地合影留念。日本人的套近乎策略产生了奇效。

在这段会谈的一开始，日本人就把总统称作上校，使对方降了不少级别；挨过英国人的骂，按说也不是什么光彩的事，但对于军人出身，崇尚武力，并获得自由独立战争胜利的纳赛尔听来，却颇有荣耀感。没有希特勒的实力与手腕，没有幽默感与人情味，自己又何以能从上校到总统呢？接下来，日本人又以读过他的《革命哲学》，称赞他的实力与人情味，并进一步称赞了阿拉伯战争的正义性。这不但准确地刺激了纳赛尔的兴奋点，而且百分之百地迎合了他的口味，使日本人的话收到了预想的奇效。

但是，对待那种十分傲气的人，如果他将面子看得很重而讲究分寸，你不妨从正面恭维入手，让他飘飘然，因为虚荣而顺从你的意图。这种类型的人只要你说他长得高，他便会踮起脚给你看。

在三国时期，诸葛亮对关羽便采取此法。马超归顺刘备之后，关羽提出要与马超比武。为了避免二虎相斗，诸葛

亮给关羽写了一封信：我听说关将军想与马超比武。依我看来，马超虽然英勇过人，但只能与翼德并驱争先，怎么能与你美髯公相提并论呢？再说将军担当镇守荆州的重任，如果因你离开造成损失，罪过该有多大啊！关羽看了信后，笑着说："还是孔明知道我的心啊！"他将书信给宾客们传看，打消了入川与马超比武的念头。

此外，激将法在语言上也非常有讲究：既不能没有锋芒，不疼不痒；又不能太刻薄，使对方反感，产生对抗心理。总之，激将之言要辩证地把褒与贬、抑与扬有机地结合起来，这样才能达到激将的效果。

例如，某橡胶厂（甲方）进口了一整套价值为200万元的现代化胶鞋生产设备，由于原料与技术力量达不到要求，搁置了4年也无法使用。

后来，新任厂长决定将这套生产设备转卖给另一家橡胶厂（乙方）。

正式谈判前，甲方了解到乙方的两个重要情况：

一是该厂经济实力雄厚，但基本上都投入了再生产，要马上腾挪200万元添置设备，非常困难；

二是这位厂长年轻好胜，几乎在任何情况下都不甘示弱，甚至经常以拿破仑自诩。

甲方对乙方有所了解后，甲方厂长决定亲自与其进行谈判。

甲方厂长："昨天在贵厂转了一整天，详细了解了贵厂的生产情况。你们的管理水平确实令人信服。你年轻有为，能力非凡，真让我钦佩。"

乙方厂长："哪里哪里，老兄过奖了！我年轻无知，恳切希望得到老兄的指教!"

甲方厂长:"我向来不会奉承人,实事求是嘛。贵厂今天办得好,我就说好;明天办得不好,我就会说不好。"

乙方厂长:"老兄对我厂的设备印象如何?不是说打算把你们进口的那套现代化胶鞋生产设备卖给我们吗?"

甲方厂长:"贵厂现有生产设备,在国内看是可以的,至少3~5年不会有什么大的问题。关于转卖设备之事,只有两个疑问:第一,不知贵厂是否有经济实力购买这样的设备;第二,即使有能力购买,贵厂也未必有能力招聘到管理、操作这套设备的技术力量。"

乙方厂长听到这些话后,从心理上感觉到甲方厂长在轻视自己,十分不悦。于是,他用炫耀的口气向甲方厂长介绍了己厂的经济实力和技术力量,表明己厂有能力购进并操作管理这套价值200万元的设备。经过一番周旋,甲方巧妙地将闲置了4年的设备转卖给了乙方。

运用激将法一定要因人而异,对什么样的人要用什么激将法,千万不要不辨对象而通用一个单子吃药。一般说来,它对那些争强好胜的胆小型人,效果比较明显;而对敏感多疑、办事谨小慎微的抑郁质的人,很容易产生适得其反的效果,他会把劝说者所给予的激将视为讽刺,导致心死。所以激将法的运用,必须是建立在了解对方的基础上,如果对对方一点都不了解,就盲目地去激将,往往不会取得理想的效果。

交谈好比一把钥匙,可以轻易地打开办事之门。人们的兴趣爱好往往牵连着头脑中的兴奋点。我们如果在交谈中根据不同人的性格、兴趣爱好,从不同的话题入手,常常可以比较容易地开启对方的心扉，步入对方的心灵深处，有效地与对方产生情感共鸣，顺利办成所求之事。

♥ 给别人戴高帽，也是一种说话艺术

戴高帽的现象在我国古代就有了。在当今这个物欲横流的社会，高帽的花样不断翻新，其种类、款式及妙用日益"进化"，已成为颇为时尚的一道"人文景观"。

我们暂且不说为什么世界上那么多人都乐于奉送和领受高帽，有时就连鸟兽也未能免俗。那一则耳熟能详的西方寓言中，狐狸看到乌鸦嘴里叼着肉，垂涎欲滴，怎奈飞腾无术，于是利用戴高帽法加以智取：再三赞扬乌鸦的嗓音美妙悦耳。叫声聒噪的乌鸦偏偏缺乏自知之明，一戴高帽便飘飘然，当它准备一展歌喉时，嘴里的肉便成了狐狸的美味佳肴，真是只愚蠢的乌鸦！

俗话说得好，"世界上从没有免费的午餐"，当然，别人也不会无缘无故地馈赠你高帽。狐狸对乌鸦的叫声是否悦耳本无兴趣，眼里盯着的只是那块肥肉而已。一顶高帽换来一顿美餐，何乐而不为！当然，人类乃万物之灵长，人类高度发达的智商绝非鸟兽类可比，因而制作和奉送的高帽更为精巧，而且"知识含量"也有了不少增加。

世人总是喜欢被别人奉承，即使明知对方讲的是奉承话，心中还是免不了会沾沾自喜，这是人性的弱点。换句话说，一个人受到别人的夸赞，绝不会觉得厌恶，除非对方的奉承之语说得太离谱，让人一听就知道是假的。因此，在求人办事的过程中，学会巧妙地送高帽，就一定会达到预期的

效果。

首先，高帽就是美丽的谎言，既取悦了别人，又帮助了自己。要让人乐于相信和接受，就不能把傻孩子说成天才那样离谱；其次，高帽也要美丽高雅，不能俗不可耐，糟蹋自己也让别人倒胃口；最后便是不可过白过滥，毫无特点，不动脑子。

求人办事，如果对所求者不是那么熟悉，先不要急着下结论。察其言，观其行，掌握了真实情况再决定送一项什么样的帽子。正所谓"穿衣戴帽以合身为准则"，过犹不及啊！

很多人都知道，英国著名作家柯南道尔一般都不会给别人签名留念。有一次，他收到一封从巴西寄来的信，信中说："我很希望得到一张您亲笔签名的照片，然后，我将把它放在我的房间里。这样的话，我不仅天天可以看见您，而且我坚信，若有贼进来，一看到您的照片，肯定会吓得屁滚尿流，逃之夭夭！"柯南道尔收到信的当天，就很爽快地为那人寄去了一张他自己亲笔签名的照片。

其实，戴高帽一定要戴得合适，有句话说，"看什么鱼，放什么饵；见什么人，说什么话"，给人戴高帽是万万不可乱戴的。其最佳途径不是从他的事业、才学、品德方面下手，而是从他的相貌下手。因为一个人不论长相如何，都可以给他戴高帽：瘦子身体健康，能吃、能喝、能跑、能跳；看到胖子，你可以对他说，心宽体胖，一生衣食不缺；对鼻子大的，你可以说悬胆鼻，主富贵；鼻子扁的，你可以说他好脾气、性情温和；眼睛大的，你就说他明亮有神，闪耀智慧；脸有麻子的，你可以说他麻子三分贵；秃头的，你

可以说是智者的象征……

有个人叫艾鲁塞尔,他从事推销这个行业已经有很多年了。他想:如果多费点心思,也许能跟那位生意做得很大、信用也极佳的铅管匠技师伯洛克林成为业务伙伴。不过,这个铅管匠技师是个粗枝大叶、蛮横、粗犷的人。因此,艾鲁塞尔刚开始见到他时就受到了打击。

这个铅管匠技师常常坐在办公桌后的椅子上,嘴里叼根雪茄,每次一看到艾鲁塞尔就这样说:"你走吧!我今天什么也不要,别在这儿浪费我的时间!"

艾鲁塞尔公司的领导想在长岛皇后村买一栋房子,开设分公司。而那房子正巧在那位铅管匠技师家附近,那么,他对房子周围环境的概况一定很熟悉。所以,艾鲁塞尔就尝试着运用另外一种新的办法——请人帮忙的心理学技术。他决定找个时间去见一下那位技师,并且准备这么说:"先生,我今天不是来跟你谈生意的,是想请你帮个小忙。如果你方便的话,只需要花一分钟时间就足够了!"准备好以后,艾鲁塞尔就去见那个技师。

那技师嘴叼雪茄,看上去一副财大气粗的样子,毫不在乎地说:"好吧。你肚子里有什么主意,快说出来!"

艾鲁塞尔说:"我们打算在这皇后村开一家分店,您对这儿的情形,相信比谁都清楚,所以特地来向您请教。您认为这个计划怎么样?"

技师不紧不慢地说:"这是一个前所未有的情况!"一般情况下,这个技师对那位大公司的推销员都是咆哮怒斥,但是今天却一反常态,到底是怎么回事呢?原来,是那位大公司的推销员来请教他,征求他的意见,使他有一种高贵感。他拉过一张椅子，指了指说："你坐下。"

这次，对待艾鲁塞尔的来访，技师花了一个钟头，详细地把皇后村铅业方面的情形告诉了艾鲁塞尔。他不但赞成艾鲁塞尔在皇后村开设分店，并且替他规划出购置地产的程序，以及购物、开业方面的事情。同时又提供了一家具有规模的铅业公司的营业方案让他参考。

学会给别人戴高帽，但这个高帽一定要真诚。因为别人会觉得你是一个容易接近的人，是一个谦虚的人。谁喜欢狂妄的人呢？没有。但我们必须牢牢记住：虽然每一个人都希望被人欣赏，被人重视，甚至会不顾一切地去达到这个目的，但没有人会喜欢接受虚伪的奉承。所以，要用巧妙、真诚的语言去送这顶关乎你大事的高帽。

♥ 可别轻易地给自己戴高帽

戴高帽看似简单，其实最难，如果没有好的技巧是无法完成的。作为女性，应该记住更重要的一点：高帽子不能自己戴。

一位销售女主管这个月的业绩很好，她手下的业务员谈成的生意总额超出同级部门两倍还要多。按照公司业绩提成的管理制度，主管会得到一笔数目不小的奖金。老板很是高兴有这样一位得力助手，庆幸自己没有看错人，决定在公司的例会上把她推为典型，以此激励其他员工，于是特意安排这位主管做演讲。

这位主管在她的讲话中把自己的业绩归功于自己调配人员是如何有技巧、处理大订单是如何果断和聪明，以及如

何辛苦加班。她说的这些确实很对,可以说没有丝毫的夸张,她一直也都是这么做的。整场报告她就坦然地接受员工对她的祝贺和上司对她的表扬。从始至终,她没有对老板的信任表示感谢,更没有提及同级部门的合作和下属的努力。

下属和同事们开玩笑要她请客庆祝一番的时候,她却一本正经地说:"我得奖金,你们用得着这么起劲吗?下次我会拿更多,到时再考虑考虑……"

可是到了下个月,这位主管不仅没有拿到奖金,还因为没有完成销售任务被扣掉了当月奖金。可悲的是,她没有注意到下属越来越懒散,老板也开始故意为难她了。

一个工作勤勤恳恳的人最终却不一定能成为受欢迎的人,是不是很不公平?你有足够的理由为这位有工作能力的主管打抱不平。但是,这并不证明"好人有好报,恶人有恶报"是错误的,而是因为"好人"也有让别人不乐于接受的瑕疵,这些小毛病往往会成为阻挡人气的障碍。

其中,独享荣誉是一个最容易让别人心怀不满、心生恨意的不良习惯。试想一下,一大群人或平起平坐,或不分上下,你自己把一顶漂亮得惹人眼红的帽子戴上了,相形之下,别人就矮了,就显得暗淡了。渐渐地,你的存在对别人会构成一种威胁,虽然你并没有做任何伤害别人的事。有谁会喜欢受到别人的胁迫呢?有谁愿意和一个让自己没有安全感的人相处呢?自然而然,独自享有荣誉、心安理得地把高帽子往自己头上戴的人最终会变成孤家寡人,还谈什么招人喜欢、大受欢迎呢?

"居功"的确可以凝聚别人羡慕的目光,可以让自己有成就感,但是如果你想把功劳一个人独占,企图让光环仅仅环绕自己一个人,那不是自私就是愚蠢。"见不得别人比自己好,更见不得别人抢自己的好",可以说是人性的一大弱点,也是人之常情。独享荣誉就是抢别人的好,这样,不仅不会给自己带来多少好处,还会引起从上至下的公愤。

  如果你谨记这个忠告,相信你会受益匪浅,因为这无论在什么场合都适用,而且屡试不爽。比如你的学习有了提高,取得了一定的成绩,不要忘记感谢老师的培养,同学的帮助,父母的鼓励,甚至是嘲笑过你的人,毕竟他们也给了你前进的动力;工作有了业绩,升职了,加薪了,不妨和同事们庆祝一番,对老板说声"谢谢",对下属的配合与支持表示真诚的感谢;回到家中不要心安理得地享受舒适的床铺、可口的饭菜,拥抱一下辛勤操持家务的爱人和父母,让对方明白你的感激。

  如果你真正这样做了,相信你会有惊奇的发现。你身边的人将扶持着你走向更高的地方,他们期待着、仰望着你的高度,而不是嫉妒和冷眼旁观。你主动把高帽子馈赠给了别人,别人反而会毕恭毕敬地为你戴上;你感谢别人帮助你获得了荣誉,别人也会感谢你,感谢你注意到了他。

  事情就是这么简单。当你独自顶着高帽孤芳自赏的时候,似乎身边的人都想要夺取。当你把高帽摘下来和大家一起欣赏时,别人反而会称赞和欣赏光环笼罩中的你。

❤ 抬高别人等于抬高自己

  有这样一句古语:如果不给一条狗取个好听的名字,就不如把它勒死算了。不论是穷人、富人还是街头乞丐,抑

或是盗贼,他们都会竭尽全力去维护自己在人们心中的好印象。相反,如果用强硬的手段规定他们去做一项工作,去接受一种思想,不论这样做的意图如何,他们都会产生抵触情绪。所以,如果你要达到请求别人帮忙的目的,就要记住这项规则,那就是:给人一个美名。

有一次,"钢铁大王"卡内基结识了一位名叫佛里克的青年。此人经营煤炭业,号称"焦炭大王"。卡内基的钢铁公司需要煤炭,而且他很赏识佛里克的胆识和才干,如果跟佛里克合作的话,对于他的事业来说是非常有利的。

卡内基了解佛里克是一个非常自负的人,如果不把他的面子照顾得很周全,即使他明知对自己有利,也不会合作的。于是,他将佛里克请到自己家里,热情接待。当时,卡内基已年近50,比佛里克差不多大一倍,他的财富比佛里克多无数倍,但他仍然在佛里克面前保持着礼貌和谦逊。尽管佛里克是个骄傲自负的人,也不禁对卡内基产生了好感。这时,卡内基才提出合作成立一家煤炭公司的建议。他还大度地表示,新公司的总价值是200万美元,佛里克的焦炭公司约值32.5万美元,其余160多万美元都由他支付,股份双方各得一半。

只出1/6的资金,却能得一半股份,这是打着灯笼都难找的好事,佛里克却还在犹豫,如果公司以卡内基的名义运作的话,他是不乐意的。因为他是"宁为鸡首,不为凤尾"的一个人。

卡内基看穿了他的心事,补充道:新公司的名称是"佛里克焦炭公司"。

佛里克再无疑问,当即爽快地同意了。此后,佛里克成为卡内基的合作者，日后更成为卡内基钢铁公司的高层领导之一。

在处理这件事上，卡内基没有将利益全部掌握在自己手中，他知道要达到目的，就必须得到佛里克的合作。因此，他送出美名，自己也最终得到了实惠。这就告诉我们，在求人办事的过程中，求助者一定要学会给对方一个美名，这样才能使对方心甘情愿地去完成自己的意愿。

一本科生去一家公司应聘，人事经理对她说："你回答得不错，遗憾的是我们优先选用研究生，本科生我们一般是不考虑的。你请回吧！"学生故作依依不舍状，动情地说："谢谢各位老师给我这次面试的机会！我非常非常想加盟贵公司，贵公司产品在国内市场有很大的知名度，新产品已进入国际市场，前途无量。假若我能有幸成为贵公司的一员，我会感到无比自豪。既然无缘参与你们的朝阳事业，但我仍然衷心祝愿贵公司在创新路上如天马行空，一往无前！"第二天，学生就接到那家公司来电，告知已被录用。

从这个故事里，我们再一次看到了虚名的用途。在为人处世的过程中，如果人们能将这一点做好，那么要达到目的也就不是件难事了。

美名尽管好，可尺寸也得合乎规格才行，过重的美名并不让人愉快。赞扬招致荣誉心，荣誉心产生满足感，但当人们发现你言过其实时，常常因此感到他们受到了愚弄。所以宁肯不去恭维，也不宜夸大无边。

此外还需注意，送人美名一定要送得恰到好处，这关键就是要投其所好，摆出一份诚挚的心意及认真的态度，否则只会弄巧成拙，适得其反。

送人美名是善意的，尽管所讲的话有些夸张，但基本上是实话。

名誉是一个无价的东西，它既不能用金钱去购买，也不能用金钱做尺度。虽然名誉只流传在人们的口头上，但是却要人们用心去判断。正如《墨子·修身》篇里所讲的："名不徒生，而誉不自长。"一个人的好名声，必须有不断的善行予以支持，否则，再好的名誉也有归于沉寂的可能。有地位的人固然很注重名誉，但只有当社会上普遍都对名誉十分看重的时候，美德才可能成为普通人的道德而广泛流行。所以，名誉和荣誉比起来，更被人们看重。

莎士比亚说："如果你不具备一种美德，就假定你有。"最好的办法是假定并且公开宣称他人已经具有你想要他发展的美德。把美好的名誉送给别人，为了这个名誉，他会尽快地做到这个名誉的标准。

佛罗里达州一家食品公司的销售代表——比尔·帕克，有一次，他满腔热情地向一个大的食品批发市场的经理杰克介绍他们公司的新产品，期望着他们能订他的货，但杰克拒绝了他。比尔很难过，整整一天，他都在沉思着，最后决定再去找杰克谈谈，再试一试。

比尔说："杰克，今天早上我走后，发现我没有将我们公司全部新产品的照片给你看。现在，能不能占用你一点宝贵的时间，让我再把遗漏的要点给你讲一下。其实，我最佩服你的就是，你总是很有耐心，能把别人的话听完，并且有足够大的器量在事情发生变化时把自己的看法也改变一些。"

这次，杰克没有拒绝比尔。比尔给他一个美好的名誉,他就赶紧去把这个好名誉维护住。

马丁是一位牙医。一天早上,他很受震动,因为他的一位病人怒气冲冲地指责放置漱口杯的托盘不干净。这位病人走后,他马上写了一张便条给负责打扫诊所卫生的钟点工布里特:

"亲爱的布里特女士:

虽然我们见面的机会并不多,但我还是想对你出色的清洁工作表示感谢,顺便说一句,我们原先约好的每周两次、每次两小时的清洁时间可能太紧张,如果你有时间的话,请随时再来半小时,做一些你认为通常应该做的事情,比如说清理一下杯子和托盘什么的。当然,你做了这些额外的工作,我会另外付服务费给你的。"

马丁说:"第二天到诊所后,我发现桌子被擦得明亮如镜,镀铬的漱口杯也擦得锃亮,它下面的托盘也是同样的干净。而这些工作,都是她在两个小时内完成的。"

所以,在人际交往的过程中,想要取得成功,请记住这个一句话把人说服的方法:给人一个美好的名誉,让他为保全这个名誉而努力。

♥ 说话别太绝,留点儿余地吧

做任何事情都是讲究尺度的,要学会为对方、也为自己留一个回旋的余地。话说得太绝的女人只会遭人反感,而不会被人喜欢。

一天,某公司的处长把一项采购工作交给一位叫玲玲的女职员,这件采购工作是有相当困难的,处长问她:"有

没有问题？"她拍着胸脯回答说："没问题，包您满意！"过了三天，没有任何动静。处长问她进度如何，她才老实说："不如想象中那么简单！"虽然处长同意她继续努力，但对她的"拍胸脯"已有些反感。

小娟和同事闹不愉快，她对同事说："从今天起，我们断绝所有关系，彼此毫无瓜葛……"说完这话还不到两个月，她的同事成为她的上司，而她因讲过重话，只好辞职。

这都是把话说得太绝而使自己陷入窘迫的例子。把话说得太绝就像把杯子倒满了水，再也滴不进一滴水，再滴就溢出来了；也像把气球灌饱了气，再也灌不进一丝丝的空气，再灌就要爆炸了。当然，也有人话说得很绝，而且也做得到。不过凡事总有意外，使得事情产生变化，而这些意外并不是人能预料的，话不要说得太绝，就是为了容纳这个意外。杯子留有空间就不会因加进其他液体而溢出来，气球留有空间便不会因再灌一些空气而爆炸，人说话留有空间，便不会因为意外的出现而下不了台，可从容转身。所以很多政府官员在面对记者的询问时，都偏爱用这些字眼，诸如："可能、尽量、或许、研究、考虑、评估、征询各方意见……"这些都不是肯定的字眼，他们之所以如此，就是为了留一点空间好容纳意外，否则一下子把事情说准了，结果事与愿违，那不是很难堪吗？一个总是把话说得太绝的人是不会有好人缘的。

以下的状况是追求幸福的女人在说话时应该注意的。

1. 做事方面

（1）对别人的请托可以答应接受，但不要"保证"，应使用"我尽量，我试试看"的字眼。

（2）上级交办的事当然接受，但不要说"保证没问题"，应使用"应该没问题，我全力以赴"之类的字眼。

这是为了万一自己做不到所留的后路，而这样子说事实上也无损你的诚意，反而更显出你的审慎，别人会因此更信赖你，事没做好，也不会责怪你。

2. 做人方面

（1）与人交恶，不要口出恶言，更不要说出"势不两立"之类的话，除非有杀父夺妻之仇。不管谁对谁错，最好是闭口不言，以便他日需要携手合作时还有面子。

（2）对人不要太早下评断，像"这个人完蛋了""这个人一辈子没出息"之类属于盖棺定论的话最好不要说，人一辈子很长，变化很多的。也不要一下子评断"这个人前途无量"或"这个人能力高强"。总之，应多用"是……不过……如果"之类的话语。

当然，状况并不只有这几个。聪明的女人要想永葆幸福一定要在说话的时候给自己留有余地，保留一点空间，既不得罪人，也不会使自己陷入困境。

♥ 别人的优点多说说，别人的缺点巧绕过

俗话说：打人莫打脸，骂人莫揭短。在中国，面子是一件很重要的事。为了面子，小则翻脸，大则会闹出人命。中国人可以吃暗亏，也可以吃明亏，但就是不能吃没有面子的亏。如果你不顾别人的面子，总有一天会吃苦头。因此，成熟的人从不轻易在公开场合说别人的坏话。这样，既保住了别人的面子，也给自己赢得了人缘。

公元前589年，晋、鲁、卫、曹四国结成同盟，组成联军一起对齐国发起进攻。在双方交战的过程中，齐师大败而溃，齐顷公差一点成为俘虏。谁曾想到，这场战争竟是因为齐顷公戏弄四国的使臣导致的。

公元前592年，晋国大夫郤克在访问鲁国之后，又与鲁国的大夫季孙行父一起去齐国拜访。两人到达齐国领域后，又与卫国的使臣孙良夫、曹国的使臣公子首不期而遇。所以四位使臣结伴而行，一起到达了齐国的国都临淄。

非常凑巧的是，这四位使臣在生理上都有一些缺陷：晋国的郤克只有一只眼睛，鲁国的季孙行父头上没长头发，卫国的孙良夫一条腿有残疾，曹国的公子首先天驼背。齐顷公在接见了他们四位之后，回到后宫把这四个人的外貌对他母亲萧太后叙述了一番。萧太后好奇心特别重，非要去看一看不可。

而齐顷公为了博得母后的欢心，准备戏弄这四位使臣一番。他让人从城内找来一个独眼龙、一个秃子、一个瘸子、一个罗锅，分别对号入座为四位来宾驭车，定于第二天到花园做客。上卿国佐谏曰：国家之间的外交不是儿戏，人家朝聘修好而来，我们应该以礼相待，千万不要嘲笑人家。可是齐顷公仗着自己的国大兵多，别的国家对其无可奈何，遂不听劝告。第二天，当四位使臣在四位齐国仆人的陪同下经过萧太后居住的楼台之下时，萧太后与宫女们启帷观望，禁不住哈哈大笑。使臣起初见给他驭车的人和自己有一样的身体缺陷，以为是偶然巧合，没有在意，等听到嘲笑声后才恍然大悟，原来齐顷公在戏弄他们。

四位使臣草草饮了几杯之后，便回到馆舍。当他们知道台上嬉笑的是国母后,不由得火冒三丈。四位使臣愤愤地说,我们好意来访,齐顷公竟把我们当笑料供妇人们开心,真可恨至极!于是四国使臣歃血为盟,对天起誓,决心协力同心,伐齐报仇。第二年,齐国借口鲁国归附晋国,出兵伐鲁,并顺手牵羊,在卫国边境地区捞了一把。晋国为了保住霸主的地位,来了个新账旧账一起算,会集四国军队大举伐齐,直打到临淄城下,逼得齐国签订了盟约为止。

因"戏客"而引起了战乱,甚至差一点遭到亡国之祸,教训很深刻,也非常发人深省。

这个故事告诉我们,为人处世时,不能凭一时冲动及兴趣,说些伤别人自尊的话。齐顷公为图自己一时之快,把外国使臣的生理缺陷当作笑料,能不让人恼怒、愤恨吗?

♥ 开玩笑可以,别说别人的隐私

玩笑是生活的调味品,适当地开个玩笑,不仅可以调节气氛,减轻疲劳,而且能缩短与朋友、同事之间的距离。一句玩笑话可以化干戈为玉帛,消除积怨,一句玩笑话也可以批评或拒绝某人的要求。但是,开玩笑时必须注意尺度和分寸,尤其不要拿别人的隐私开玩笑。某人结婚2个月,就生了一个小孩,邻居们赶来祝贺。这人的好朋友约翰也来了,他拿来了自己的礼物——纸和铅笔。这人谢过了约翰,并且问:"尊敬的约翰先生,给这么小的孩子送纸和笔是不是太早了?"

"不,"约翰说,"您的小孩儿太性急。本该8个月后

才出生,可他偏偏2个月就出世了。再过5个月,他肯定会去上学,所以我才给准备了纸和笔。"

约翰刚说完,全场轰然大笑,令这对夫妇无地自容。

调侃他人的隐私是不对的,上例中约翰道出了友人妻子未婚先孕的隐私,这样令大家都处于尴尬的局面。

调侃时说他人的隐私,虽然言者无意,但听者有心。因此他会认为你是有意跟他过不去,从此对你恨之入骨。假如他做的是别有用心的事,就会极力掩饰不让人知道,如果被你知道了,必然对他不利。如果你是对方非常熟悉的人,绝对不能向他保证你绝不泄密,否则你将会自找麻烦。最好的办法是假装不知道,装作若无其事的样子。

心理学家研究表明谁都不愿把自己的错误和隐私在公众面前曝光,一旦被人曝光,就会因为感到难堪而愤怒。因此,在与人交往谈话时,如果不是为了特殊需要,尽量避开敏感的话题,免得使对方当众出丑。如果实在避不开可采用委婉的话语暗示你已知道他的错处或隐私,让他感到有压力而不得不改正。知趣的、会权衡的人会"点到即止",一般会顾全双方的脸面而悄悄收场。假如当面揭短,让对方出了丑,会使他恼羞成怒,结果会出现很难堪的局面。至于一些纯属隐私、非原则性的错处,还是那种方法——装聋作哑,千万别去追究。

❤ 说话时的禁忌,你必须谨记

要真正做到谈吐优雅动人,必须铭记谈话十忌和交谈中的避讳。

1. 谈话十忌

（1）打断他人的谈话或抢接别人的话头；

（2）忽略了使用概括的方法，使对方一时难以领会你的意图，而且语言乏味，拖泥带水，重复着没完没了的无味话题，并乐此不疲；

（3）注意力分散，使别人再次重复谈过的话题；

（4）连续发问，让人觉得你过分热心和要求太高，以致难以应付；

（5）对待他人的提问漫不经心，使人感到你忽略和轻视对方；

（6）随便解释某种现象，轻率地断言，借以表现自己是内行；

（7）避实就虚，含而不露，让人迷惑不解；

（8）不适当地强调某些与主题风马牛不相及的细枝末节，使人厌倦或感到窘迫；

（9）当别人对某话题兴趣不减之时，你却感到不耐烦，立即将话题转移到自己感兴趣的方面去；

（10）将正确的观点、中肯的劝告佯称错误的和不适当的，使对方怀疑你话中有戏弄之意。

2. 交谈中的避讳

世间没有十全十美的人，人都有长处或短处。人都有自尊心，都不愿别人触及自己的某些缺点、隐私和不愉快的事。因此，在人际关系中，讲话要讲求避讳。与谈话对象涉及一些敏感的、特殊的事情时，应多为对方着想。

（1）生理上的缺陷。说话时都要避开人的生理缺陷，采取间接表达的方式。例如，对跛脚人应客气地说："你腿

不方便,请先坐下。"

(2)家庭不幸。像亲属死亡、夫妻离异等,如果不是当事人主动提及,不宜唐突说起。

(3)人事的短处。在为人处世方面的短处、不体面的经历和现状,这些都是不希望他人触及的敏感点。

(4)入乡随俗。"入境而问禁,入国而问俗,入门而问讳。"这对于社交成功至关重要。

(5)问话不宜探及个人隐私,让人不知如何作答,使交流出现尴尬,聊者听而生厌。

第四章　掌握说话艺术，让你变得八面玲珑

♥ 帮助别人，就相当于帮助自己

助人就是助己。一次举手之劳的助人行为，会带来喜出望外的机遇，人生之路也会越走越宽。所以，明智的女人宁愿看到人们需要她，而不是感谢她。

一个人能力虽然不大，但只要肯帮助别人，她终将受到人们广泛的欢迎。

有一位中年妇女，丈夫因病去世，自己带着女儿艰难度日。她原本在一家工厂上班，几年前由于经济不景气，工厂面临着倒闭，她下岗了。好在她平时待人很好，在街坊邻居中极有人缘，下岗不久便在亲戚朋友的帮助下，在小镇兴隆服装市场旁开起了一家饭店，做了女店主。

饭店刚开张时，生意较为冷清，全靠朋友和街坊邻居们的关照。后来，由于女店主忠厚老实，又热情公道，小饭

店渐渐有了回头客,生意也一天一天地好了起来。

也许是女店主慈悲善良的缘故,几乎每到中午吃饭的时间,小镇上的五六个大小乞丐都会相继光顾这里。客人们常对女店主说:"把他们轰走吧,这些都是好吃懒做的主,别可怜他们。"这时女店主总是笑笑说:"算了吧,谁还没个难处?再说你看他们风餐露宿的,也挺可怜的。"

人们都说,这女店主太善良了,从未见过小镇上其他店主能够像她那样宽容、平和地对待这些肮脏不堪、令人厌恶的乞丐。若是别的店主一见到乞丐上门,就会严厉地呵斥辱骂,毫不留情地赶走他们。而这个女店主则每次都会微笑着给他们的饭盆里盛满热饭热菜,而且多是从厨房里取出来的新鲜饭菜。更让人感动的是,在她的施舍过程中,没有丝毫的做作之态。她的表情和神态十分亲切自然,就像她所做的一切原本就是一件分内的事情似的。

日子就这样一天一天地过去。一天深夜,服装市场里一家经营童装生意的店铺由于电线短路,引发了一场大火。那些服装几乎都是易燃物品,加之火借风势,眨眼的工夫整个市场便成了一片火海。

小饭店紧邻服装市场,势单力孤的女店主眼看着辛苦张罗起来的饭店就要被熊熊大火所吞没,那刚刚添置的冰箱和彩电也都将化为灰烬,心急如焚。这时,只见那些平常天天上门乞讨的乞丐,不知从哪里冒了出来,在老乞丐的率领下,他们冒着生命危险将冰箱彩电,还有一个个笨重的液化气罐奋力地搬运到了安全的地方。紧接着,他们又冲进马上要被大火包围的店内,将女店主别的财物全都搬了出来。消防车很快就开了过来,大火被扑灭了。小饭店由于抢救及时,只遭受了小小的损失。周围的那些店铺却因为没有得到及时的救助,变成了废墟。

大火过后,人们都说是女店主平时的善行得到了回报,要是没有这些平时受她恩惠的乞丐们出力,饭店恐怕也会变成一堆瓦砾。

人们常说:恶有恶报,善有善报。其实拿到现实生活中来,这种所谓的因果报应只不过是心存感激的受惠者对施惠者的一种报答而已。

有一种说法,叫作生活不需要技巧,讲的是人与人之间要以诚相待,不要怀着某种个人目的。对别人的帮助,要落到具体的行动上,不要只停留在口头上。

帮助别人,不要居功自傲。帮助时应注意:不要使对方觉得接受你的帮助是一种负担,帮助要做得自然得体。也就是说让对方在当时或许无法感受到,但是日子越久越能体会到你对他的关心,能够做到这一点是最理想的。帮忙时要高高兴兴,不可以心不甘情不愿。

如果对方也是一个能为别人考虑的人,你为他帮忙的各种好处,绝不会像泼出去的水,难以收回,他一定会用别的方式来回报你。对于这种知恩图报的人,应该经常给他些帮助。

科学家曾在风洞试验中发现了这样一个现象:成群的大雁成"人"字形飞行时,比一只大雁单独飞行能多飞20%的路程。这是为什么呢?原来大雁的这种互助行为,减少了风的阻力。其实人类也一样,当你帮助别人时,自己也得到了帮助。

美国南部的一个州,每年都举办南瓜品种大赛。有一

个女农场主的成绩相当优异,经常获得一等奖。她在得奖之后,总会慷慨地将得奖的种子分送给邻居。有一位邻居不解地问她:"你的奖项得来不易,每季你都投入大量的时间和精力来做品种改良,为什么还这么慷慨地将种子送给我们呢?难道你不怕我们的南瓜品种因此超过你的吗?"

这位农场主回答:"我将种子分送给大家,不光是帮助大家,也是在帮助我自己!"

原来,这个镇上家家户户的南瓜田地都毗邻。如果女农场主将得奖的种子分送给邻居,邻居们的南瓜品种得到改良,就可以在传粉的过程中促进她的南瓜品种改良。相反,如果她吝啬自私,不给邻居优良种子,则邻居们在南瓜品种的改良方面势必无法跟上,那些较差品种的花粉会传播给她自己的南瓜,她反而必须在防范外来花粉方面大费周折而疲于奔命。

由此可得到启示,一个想获得成功的女人养成乐于帮助别人的习惯很重要。因为在这个竞争日趋激烈的社会里,随时都有可能需要某个人的帮助,这便是你为什么要有感情投资的原因。

❤ 想要升职,先替上司找好理由

天上不会无缘无故地掉馅饼,同样你的上司也不会无缘无故地给你加薪。上司给哪些员工加薪,给哪些员工升职,或将哪些员工炒鱿鱼,都有他自己的理由和依据。作为一个想成大事的女人要想升职或加薪,以下几个细节一定要注意。

1. 不要探听上司的秘密

有许多女人好奇心重，为了得知上司的秘密而四处打探，认为如果知道上司的一些小秘密，就可以和上司拉上关系。殊不知有些秘密可能成为你永远不能升职的原因。既然是秘密，当然知道的人越少越好，因此别探问上司的隐私。上司面对工作会感到心情压抑，家庭生活也会产生这样那样的矛盾。如果你毫不客气地探问其隐私，甚至为其出谋划策，那就大错特错了。即使上司在最脆弱的时候，也只需要适度的关心，以开解郁闷的心情。要明白，真正关心上司，出发点应是爱戴而不是利用。一旦上司知道你了解了他的秘密，必定对你有所防范，甚至会将你调到远离他的地方。如果你不小心撞到了上司的秘密，装蒜是唯一的明哲保身的办法。

2. 注意对公司的态度

如果你在上司面前，对薪酬的数目多少过于在意，这会使上司认为你是为了金钱而工作，而没有了对事业的追求，缺乏工作热情。但是，如果你在上司面前表现出一副对金钱无所谓的态度，这也会使上司感到你是一个难以驾驭的人，从而失去了对你的信任。那么，究竟应该对薪金持什么样的态度呢？

第一，如果上司在某日提出要给你加薪时，这就说明你在公司是个不可多得的人才，上司非常器重你。千万不要直截了当地和上司讨论加薪的问题。

第二，不要加入任何小组、个人或机构发起的为争取某种利益的签名活动，除非这项活动是由上司亲自发起的，并且是对大家有益的。在遇到对公司的意见或对加薪幅度不

满的书面建议时，尽量回避，低调处理。

第三，在日常生活中，不妨偶尔吃几天便当，让人感到你经济上的拮据。但不能强调自己的经济状况，有要求上司加薪的嫌疑。

第四，如果你有幸遇到一位人情味十足的上司，你可以为自己争取更多的加薪机会。不过你一定要对上司了如指掌，否则的话，不要轻举妄动。

3. 维护上司的利益

上司的利益是非常广泛的，它包括很多方面的内容。作为企业的员工要能够帮助上司解决企业所面临的各种问题，解决企业的困难。如果这一方面你做不到，那么你成大事的梦想就会破灭。

上司是公司里的掌舵人，他对本公司员工的表现和态度是非常敏感的。为了达到升职加薪的目的，你就要使自己的一切行为都要符合上司的利益，这是尤其重要的。如果你在某一行为上损害了上司的利益，哪怕是一次无意的损害，都会使上司感到厌恶，从而让你失去升职和加薪的机会。

4. 不能将自己捧得太高

适当地推销自己是非常必要的，但绝不能过头。因此奉劝要成大事的女人千万不能在上司面前自恃才高八斗，显得神通广大，无所不能、无所不会，这样不仅不能使上司惊叹和赞赏，还会使上司对你失去安全感，使他对你有所防备。

因为上司都有自己的"三防"策略。一防，你自恃太高，太过醒目而容易被其他公司利诱，做出损害公司利益的事情。二防，你在公司有太大的影响力，对其他员工会起到煽动作用，动摇他的领导地位。三防，你聪明过头，练精学懒，当公司的权力掌握到你手里后，不思进取，无所建树。

5. 让上司知道你是最效忠他的

上司在工作和生活中，都有一个属于自己的圈子，而这个圈子里的人，会被他认为都是自己人，也就是效忠他的人。如果进入这个圈子，就要时刻保持对上司应有的效忠程度。凡事你都要让上司出风头，把他推到前台亮相，使他成为媒体注意的焦点和风云人物。当上司称赞某一个员工在公司的作用时，会用"公司里没有此人不行"的语言，实际上在上司的眼里，这位员工仍是他的雇员。有些人并不明白这一道理，被上司一套，即刻飘飘然起来，连上司的尊严也不顾了，甚至放浪形骸，得罪其他同事。必须懂得用毕恭毕敬的态度对待上司，在上司面前，一定要保持谦和，这是你平步青云的阶梯。

6. 得到上司的赏识和好感

员工如果得到上司的赏识和好感，那就等于该员工有了升职的基本条件。尽管许多上司都喜欢下级讨好奉承，但他们更喜欢那种脚踏实地、埋头苦干的人。如果你把上司安排的每一件事都办得妥帖，然后再说几句上司爱听的话，比起那些只说不做的人来，上司一定会对你另眼相看。聪明的女人请记住，无论任何时候你都要迎着上司的目光，不可躲躲闪闪；坦率地与之交换看法，不隐瞒、不夸大；不议论其隐私，并尽己所能努力工作，争取成为其最佳的部下。注意到这几个细节，你的上司便没有什么道理不喜欢、不赏识你了，而你也就会离成功越来越近。

♥ 这样做，与同事相处才会更融洽

许多女性都抱怨办公室里的人际关系太复杂，不好处理，其实只要你真诚地对待别人，也就会得到别人的诚意。大家每天都疲倦地工作，融洽的同事关系可以缓解我们的疲劳，是很不错的啊！

在我们的工作环境里，建立良好的人际关系，得到大家的尊重，无疑对自己的生存和发展有着极大的帮助。而且有一个愉快的工作氛围，可以使我们忘记工作的单调和疲倦，也使我们对生活能有一个良好的心态。在与同事相处时应做到以下几点。

1. 有意见最好直接向上司陈述

在工作过程中，每个人考虑问题的角度和处理问题的方式难免有差异，对上司所作出的一些决定有看法，在心里有意见，甚至变为满腔的牢骚。在这些情况下，切记不可到处宣泄，否则经过几个人的传话，即使你说的是事实也会变调变味，待上司听到了，便成了让他生气和难堪的话了，难免会对你产生不好的看法。如果你经常这样，那么你就是再努力工作，做出了不错的成绩，也很难得到上司的赏识。

所以，最好的方法就是在恰当的时候直接找上司，向其表达你的意见。作为上司，他感受到你的尊重和信任，对你也会多些信任，这比你到处发牢骚要好多了。

2. 舍得让利，放眼将来

有一些女人与同事的关系不好，是因为过于计较自己的利益，总是去争求各种好处，时间长了难免会引起同事们的反感，无法得到大家的尊重，而且她们总在有意或无意之中伤害了同事，最后使自己变得孤立。而事实上，这些东西未必能带给女人多少好处，反而弄得自己身心疲惫，并失去了良好的人际关系，可谓得不偿失。如果对那些细小的又不影响自己前程的好处，多一些谦让，比如单位里分东西不够时少分些，一些荣誉称号多让给即将退休的老同事，与其他人共同分享一笔奖金或是一项殊荣，等等，这种豁达的处世态度无疑会赢得人们的好感，也会增添你的人格魅力，同样会带来更多的回报。俗语所说的"吃小亏占大便宜"从一定程度上说明了这个道理。

3. 替人着想

同事是与自己一起工作的人，与同事相处得如何，直接关系到自己的工作、事业的进步与发展。如果同事之间关系融洽、和谐，人们就会感到心情愉快，有利于工作的顺利进行，从而促进事业的发展。反之，同事关系紧张，相互拆台，经常发生摩擦，就会影响正常的工作和生活，阻碍事业的正常发展。要搞好同事关系，就要学会从他人的角度来考虑问题，善于做出适当的自我牺牲。要处处替他人着想，切忌以自我为中心。

我们在做一项工作时，经常要与人合作，在取得成绩之后，我们也要让大家共同分享功劳，切忌处处表现自己，将大家的成果占为己有。给他人提供机会，帮助其实现生活目标，对于处理好人际关系是至关重要的。

替他人着想应表现在当他人遭到困难挫折时，伸出援助之手，给予帮助。良好的人际关系往往是双向互利的，你给别人种种关心和帮助，当你自己遇到困难的时候也会得到

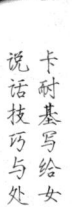

相应回报。

只要你以真诚的态度注意从以上三个方面去努力实践，同时保持正义感，那么做个让人喜欢的好同事，得到一个好人缘会是一件很简单的事情，工作便也成了一件让人快乐的事了。

❤ 职场复杂的人际关系，教你轻松应对

在职场中，女性会遇到许多不同性格的人，如何处理复杂的人际关系，提升自己在办公室中的地位就成了女性要考虑的首要问题。要做到既得到男同事的赞赏，又不至于遭女同事的妒忌着实需要下点功夫。

在职场中，就得学会与不同类型的人相处的技巧。

1. 远离口蜜腹剑、微笑着打哈哈的人

这种类型的人的特点是，嘴上说得比蜜还甜，可实际上却是一肚子坏水。

跟这种类型的人做同事，最简单的应付方式是装作不认识他，尽量不跟他有利益方面的冲突，不要做同一件工作。就算是非工作时间，也要避免让他接近你，否则你给他机会，他就会拿你开刀。

2. 阿谀奉承的人，不要与他为敌

此类人的特点是喜欢拍马屁，善于说很多好听的话语以博得别人的欢心，在上级面前更是殷勤。一般总是说得多，做得少。

当此类人是你的同事时，你就得小心了。没有必要得罪他，平时见面还是笑脸相迎、和和气气。如果你有意地孤

立他，或者招惹他，他就可能把你当作往上爬的垫脚石。

3. 与尖酸刻薄的人保持一定距离

他们在公司内是较不受欢迎的一类。他们的特点是和别人争执时往往挖人隐私不留余地，同时冷嘲热讽无所不至，让对方自尊心受损，颜面尽失。这种人平常以取笑同事、挖苦老板为乐事。你被老板批评了，他会说："这是老天有眼，罪有应得。"你和同事吵架了，他会说："狗咬狗一嘴毛，两个都不是好东西。"你去纠正部下，被他知道了，他也会说："有人恶霸，有人天生贱骨头，这是什么世界？"

尖酸刻薄型的人，天生伶牙俐齿，得理不饶人。由于他们行为离谱，在公司内也没有什么朋友。他之所以能够生存，是因为别人怕他，不想理他。但如果有一天遭到众怒，他也会被治得很惨。如果他是你的同事，和他保持距离，不要惹他。万一吃亏，听到一两句刺激的话或闲言碎语，就装作没听见，千万不能动怒，否则，就会自讨没趣，惹鬼上身。

4. 对忘恩负义的人，不与他一般见识

这类型的人最大的特征就是，翻脸如翻书，一旦跟他产生利益冲突，不管你以前对他有多么大的帮助，有多少的恩情，他都一概不认账，翻脸不认人。面对这种同事，你只要做好自己的事情，不跟他扯上利益关系就行了。

5. 应付挑拨离间的人，最好谨言慎行

同样是一张嘴巴，有人用来吹牛拍马，有人用来讽刺损人，有人用来挑拨是非、离间同仁。吹牛拍马是损人利己；尖酸刻薄是损人不利己；挑拨离间是将公司弄得乱七八糟，人心惶惶，变文明为野蛮，人人自危，人人战斗。这种类型的人，给公司带来的杀伤力非常大且迅速，只要一不注意或处理不当，便可能产生严重的后果。

应付这种类型的人，没有什么好办法，只能不让这类人进来，或一经发现就予以开除。否则，后果不堪设想。

这种人做了你的同事，你除了谨言慎行以及和他保持距离外，最重要的是联合其他同事，建立联防及同盟关系，将他孤立起来。如果他向任何人挑拨离间，不要为之所动和受影响。

6. 应付自以为是的人

这种人对任何事情都有他自己的意见。他之所以会踌躇满志、自以为是，是因为他一直处在一种极顺的状态下，他不曾尝过失败的苦头，因此也不怕失败。他没有办法接受别人的意见，如果别人够聪明的话，也不用和他争辩。要知道，一个长久不曾失败过的人，是因为他的智慧，而不是他的运气。朋友，相信"智慧"这两个字，虽然很好写，但不容易被理解。和这类人做同事，尽量顺着他，只有等他尝到一些失败的苦果，才能真正地改变及帮助他。

 爱心，助你好人缘

爱心是人缘的基础。一个女人进入社会，开始过群体生活，意味着要与他人交往共事，可有的女人却由于社交能力差，不善于为人处世，结果人生成长与事业发展的过程处处受阻。相反，有的女人能力虽然不是很强，但是她对人礼貌，善于交际，于是办事总是比别人容易成功。

台湾作家刘墉说："一个人人缘不好，大小事情只能靠自己去做，能力再强，又能做多少事？你的素质再高，如果只是将本身的能量发挥出来，不过能比常人表现得好一点而已；如果你能集合别人的能量，就可能获得超凡的成就。"

是啊，正因为如此，有好人缘者在社会上越来越受重视。许多公司在招聘高级管理者时，要考查他的人际关系，没有好的人缘，能力再强，不能录用。如在人际关系上有超群的能力，有非常好的人缘，其他条件可以放宽。

小艳毕业后在一家公司任小职员，后来成为公司的副总经理。她常常对人说，她的成功，人缘好是主要因素。她认为人缘在一切事业里，都极其重要。

如何获得好人缘？以诚待人！一个幸福的家庭，夫妻相敬如宾，彼此忠诚。诚，是爱的体现，家庭成员人人爱自己的家，焉有不幸福的道理？同样，一个公司兴旺发达，也是大家都爱自己的公司，营造了良好的文化氛围。

有一位明星大腕投资搞实业，与某地农民合作，利用他们的土地建厂房。可是几年后，这个发了财的大腕却不按合同兑付农民的土地股金，使农民蒙受了巨大的经济损失。农民们联名把大腕告上了法庭。这位大腕利用名人效应，在社会上套取无本生意，欺骗那些善良的人，结果却把自己的人缘市场弄丢了。

没有爱心的人，不会有太大的成就。

李嘉诚是世界级富豪，他能取得成功，源于他有一颗爱心。李嘉诚说得最多的一句话就是："钱来自社会，应该用于社会。"他在取得巨大的物质财富之后，便积极推行有利于国家和人民的慈善事业。为了替家乡人民办一点实事，1990年，北京亚运会筹资阶段，李嘉诚一次捐献30万元，是捐献资财的最大户头；1991年，我国华东地区遭受特大洪涝灾害，李嘉诚个人捐款5000万港元，成为当时个人捐款最多的企业家；1992年，李嘉诚与中国残联主席邓朴方会晤，他对邓朴方说，他和两个孩子经过考虑，再捐1亿港元，也作为一个种子，通过各方面的共同努力，为全国的残疾患者办点实事。李嘉诚先生对祖国的捐资援助从不吝于钱财，到目前为止，捐款数额庞大，已超过了几十亿港元。他认为这样做是恰当的，符合他的处世待人之道。

的确，人格上的高贵同时造就了事业的高贵，富有伟大爱心的李嘉诚在生意圈中树立了良好的公信力。

富兰克林说："我深信一个人用自己的才智努力工作赚钱致富是正当的，但要记得慷慨地跟别人分享，然后恬淡地走开。"

❤ 掌握与朋友相处的技巧

和朋友坦诚相处，并不是随心所欲、无拘无束。要知道，和朋友相处也应有分寸。俄国寓言作家克雷洛夫写过一篇著名的寓言《杰米扬的汤》。

有位擅做鲜鱼汤的杰米扬，为了款待老友福卡，做了一锅香美可口的鱼汤，他一盆接着一盆地敬劝老友多喝，直喝得老福卡大汗淋漓，叫苦不迭。可是杰米扬还是一个劲儿地劝："喝得痛快！再来一盆吧。"结果福卡不得不赶紧拿起帽子、腰带和手杖，用足全力跑回了家，从此再也不敢登杰米扬的家门了。

这则寓言告诫人们，事情做过了头，好事也会变成坏事。

《杰米扬的汤》以生动的故事揭示了这个真理。当我们处理人际关系时，应当时刻记住这个真理。比如，坦诚、热情、谦逊、活泼、谨慎等，无疑都是待人之道时不可或缺的品格。然而，这里同样也有一个"度"的问题，既要注意把握分寸，又要尽量做到恰到好处，否则便极易失度，从而影响人际交往。怎样才能把握住"度"呢？下面几点建议可供借鉴。

1. 坦诚但不犯忌

奥斯特洛夫斯基说过："所谓友谊，这首先是诚恳。"的确，人际交往若不襟怀坦荡，真诚恳切，而是相互戒备，"见面只讲三分话，绝不全掏一片心"，又怎能指望相互推心置腹、以诚相见呢？但是，所谓坦诚，也要适度，要讲效果。如朋友之间，"胸无芥蒂，无话不说"固然不错，但是，坦诚也应留有余地。说话办事透彻、痛快当然无可非议，不过，像鲁迅先生所反对的"透底"就不好，注意留有余地，必要的避讳、求雅还是需要的。有时为避免意外的发生，向当事者暂时保密，不吐露真情，也是人之常情，不宜把它同坦诚对立起来。

2. 热情但不轻率

人际交往，由于场合、年龄、性别、辈分以及交往深浅程度等方面的不同，热情也应该有档次、分寸上的区别。在公共场合，即使熟人、恋人相见，也不宜旁若无人，高声纵情谈笑，至于失度的亲昵举动则更不适宜。有人认为，只

有事事应允对方,才能显出自己的热情来,其实大不尽然。中国有句古语"轻诺必寡信",失信的热情好比一张空头支票,只能取悦于一时,终归毫无价值。对于那些明显不合情理,或者自己力不从心的委托,都应婉言谢绝。同理,自己对交往的对方,也不宜提出不合情理的要求。总之,热情应是友谊的升温剂,但是倘若失控,超过了限度,也足以酿成焚毁友谊的悲剧。

3. 谦逊但不虚假

法国资产阶级启蒙思想家孟德斯鸠说过:"谦虚是不可缺少的品德。"品德对于人际交往尤其重要。一个背着自负自傲沉重包袱的人,他的友谊财富必然少得可怜。这里,谦逊必须以坦诚为基础,否则就难免陷入虚伪的泥潭。比如讨论问题时,明明自己有不同意见,为表谦逊而不出,或者吞吞吐吐,言而不尽;对方批评自己时,当面唯唯称是,背后却又发牢骚。再者,还应划清两个界限:一个是谦逊与虚荣的界限。如果一个人故作谦逊姿态,以求得"谦逊"的美誉,就是虚荣的一种表现。这种虚荣心一旦被对方察觉,哪里还有愉快的交往可言?另一个是谦逊与谄媚的界限。有些人在交际时爱对对方说一些言不由衷的溢美之词,以为只有这样才显得自己彬彬有礼,谦恭而有教养。殊不知,过分溢美,几近谄媚,也往往令人生厌。

4. 谨慎但不拘谨

人们无论做什么事,谨慎从事和处理人际关系是获取成功的必要条件。在人们面前手足无措、忸怩拘谨,这既有碍观瞻,也不利于交际。应该说的话不说,能够办的事不办,已经成熟了的果子也不去摘取,这就不是谨慎而是怯懦了。在交际过程中，不应把仪态的落落大方同言行的谨慎持重对立起来。否则，一身的小家子气，谁还喜欢同你打交道呢？

5. 活泼但不轻浮

举止活泼，谈吐风趣幽默，往往既是人际交往的良好媒介，也是交往深化的催化剂。不过切莫做过了头，否则就难免有上面所说的不检点、轻慢之嫌。我们的身边可能都有这样的人，他不分场合，不择对象，谈话中一味插科打诨，俏皮话连篇，有时甚至在大庭广众之下，公然呼叫别人的绰号，开一些不适当的玩笑，不仅引起当事者的反感，连在场的其他人也觉得难堪，不知如何收场。这样怎能收到活跃气氛、融洽关系的预期效果呢？因而，我们绝对不能把庸俗（甚至是恶俗）当成洒脱幽默，把肉麻当成好玩有趣。否则，这种所谓的活泼就将变成人际交往失败的陷阱。

6. 认真但不挑剔

一个人要赢得友谊，就要多看到对方的长处。其实，每一个人都有长处，问题是在于发现。比如某人事业上很有才气，但生活处事能力却很差，那么，如果学习他的长处，你就会和对方建立友谊，相处和睦。相反，你睁开两眼看对方，要求对方什么都好，那么，你最终会失去友谊和朋友。

闭一只眼看朋友，才是一种宽容的处世之道。比如，你的朋友曾失足过，或者至今有某些缺点，你与他相处，不妨回避对方的伤疤，忘记他的过去，尊重他的今天，寄希望于他的明天，那么，你交朋友的视野就更为宽广，绝不会因斤斤计较某个朋友的过去而与对方不能相处。又比如，某人曾冒犯过你，或做了对不起你的某件事，如果他已认错了，

你也不妨闭上一只眼,让昨日的误会与冲突流逝,这自然不是无缘无故的宽恕,而是一种风度,同时能让对方认识你有不凡的胸襟与风度。

世界上本来就没有完美无缺的人,如果你睁大双眼看对方,总可以发现对方有许多弱点,如果以这种尺度去寻找朋友,你就会对生活充满失望。睁一只眼,即多看到对方的长处;闭一只眼,即少看到对方的弱点。唯有如此,你才能永远保持处世的乐趣。

♥ 朋友的忠告,你要善于倾听

朋友对自己的忠告,有时虽然不是很顺耳,但是朋友的忠告可能是真实的,对自己是有用的,因而是难得的。在生活中,我们要善于倾听朋友的忠告。

美国著名女演员玛丽·马丁12岁时结上了一个小冤家——有个女孩老爱揭她的短处。随着时间的推移,小女孩对玛丽的攻击面也越来越宽,她说玛丽"骨瘦如柴";说她"不是好学生";说她"太顽皮";说她"说话嗓门太大";说她"太自私"……起先玛丽尽量忍耐,但后来却禁不住心中的怒火,眼泪汪汪地去找爸爸。

爸爸却心平气和地倾听着玛丽的哭诉,接着他问:"那么,她说的是真话,还是假话?"

"怎么会是真话?"玛丽委屈地哭着说,"她说的还会是真话?"

"玛丽,你想过自己究竟是怎么一个人吗?现在你既然知道了那姑娘对你的看法,那不妨将她说的一一列出,然后再在她说得对的项上做个记号,至于她说的其他话就不必计较了。"

玛丽遵命列表,令她大吃一惊的是:小女孩说的话竟有一半没错!其中有的倒是玛丽无力改变的(如说她"骨瘦如柴"),但玛丽觉得她所说的自己的许多缺点是完全可以克服的,玛丽突然萌发了克服这些缺点的念头!这是她生平第一次对自己有了比较清楚的认识。

玛丽把纸交给爸爸,但他没有接。

"那是你自己的事,"他说,"因为你比世界上任何人都更了解自己。但是你得学会倾听,不要由于生气或难受而掩耳。如果别人的议论没错,那么你心中是有数的,你会听到内心深处的共鸣!"

以前,玛丽一直认为爸爸是自己所住城市里最有学问的人,他是城里的首席法官兼律师,同时还是学校董事会的董事长。不过眼下她却感到难以接受他的观点。玛丽似乎觉得,如果照他那么办,那就太便宜那位冤家了!

"不过,她当着众人的面说我闲话绝非好事!"玛丽说。

"玛丽,只有一个办法使人永远不被议论和批评,那就是:什么也不说,或者什么都不干。当然,那就成了个多余的人。你总不想当那号人,是吧?"

"是的。"玛丽承认道。

后来,玛丽又经历了一次更为痛苦的教训。事情发生在她即将登台演音乐剧的那一星期。她担任这出音乐剧的主角,因而心中充满了渴望和激动。

就在公演前几天,几位朋友准备在邻近的湖畔举行一

次野餐会。这是阴冷的一天,妈妈劝她不要去以免感冒。可是玛丽吵个没完,妈妈在她保证不去游泳后,才作了让步。

玛丽看到人家一个个跃入水中,心里痒痒的,于是,她穿上运动衣,驾上小舟出游了。

可是,在玛丽驾舟回到岸边时,有几个男孩搞起了恶作剧猛摇起小船来。小船在刚要靠岸时翻了个底朝天!她为了避免落水,便纵身一跃上了岸,不料脚掌却正好踩在一个破瓶子上,被割开了一条深深的口子。

玛丽不能出演主角了,候补演员却大获成功。"我还是履行了诺言,没去游泳呀!"她对爸爸说。

"玛丽,你只听进你妈一半的话。她要你保证的是'小心别感冒',不去游泳只是保证不感冒的因素之一,难怪你倒了霉。"

玛丽辩解说:"可是所有的朋友都劝我上船去呀!"

"他们都错了,是吗?"他停了一下,又说:"你会发现,世上有许多人会对你发出五花八门的劝告。别掩上耳朵,什么人的话都可以听,不过你得善于分析,按照你认为正确的去做。"

此后玛丽总会想到爸爸的忠告。她希望能进入电影界,于是便去好莱坞所有的摄影场去应试。然而每次她都榜上无名,大家都称她为"应试玛丽"。有个导演对她频繁的应试颇觉厌烦,于是便不客气地对她说:"应试玛丽,你的鼻子太大,脖子又太长,你不是演电影的料!请相信我说的全是真话!"

玛丽想他说的的确是真心话。但对于天生的鼻子和脖子是无计可施的,她只有加倍努力,才有成功的希望!最后，玛丽需要倾听的那种真话终于进入了她的耳朵，那是一个名叫科恩的仁慈又智慧的人对她提出的忠告。当时他正在为圣路易斯歌剧院主持招聘演员的考试。玛丽自然又去应试了，但仍未被录取。不过，他把玛丽拉到一边，告诉她："你得按照你自己的方法唱歌！"

起先，玛丽对他的忠告无动于衷，因为她太失望了。不过后来当她细细琢磨时，却茅塞顿开！就像她爸爸说的，她在内心深处听到了共鸣！她试过种种著名的发声法，但科恩却指出她走错了路子！玛丽认识到，他说的是真话！要获得成功，一定得走自己的路，而绝不是步人后尘！

过了几周，好莱坞有家夜总会招聘演员，这个"应试玛丽"又去了。但这回她不想机械地模仿别人。她想："我就是我——玛丽。"她并不努力使自己招人注意，只是穿上素雅的黑绸衬衣和白色上装。她改用以前学来的发声法放开嗓门歌唱，结果，她终于被录取了！

自此以后，成功便接踵而来，不久，玛丽便成了百老汇红得发紫的明星。现在，就像她爸爸说的那样，玛丽被五花八门的声音包围住了：建议、赞美、批评，不仅有来自亲朋好友的，也有来自权威的戏剧评论家的。玛丽努力使自己听到内心深处的那种共鸣，不过却往往觉得困难重重。她说："我必须依靠那些乐于指导和帮助我听到真话的人们。"

在生活中，我们也要学会善于倾听朋友的忠告，只是不要忘了用自己的脑子思索和做出正确的判断。

♥ 请给丈夫足够的信任

如果发现丈夫有了外遇，做妻子的首先要信任丈夫，这也是对自己有信心的表现。夫妻之间相互信任是一种美德，也是维持双方良好情感的前提条件之一，而猜疑只会增加彼此的隔阂。如果做妻子的不分青红皂白一味地猜疑、指责丈夫，反而会把丈夫推向别人的怀抱。

但是，也不能对丈夫和异性的交往过于粗心大意，要学会帮助丈夫把握好交往的尺度。有时夫妻两地分居或经常分离，也容易给人可乘之机。

小刘是一家大报社的记者，事业心很强，经常出去采访，回到家又要忙家务又要忙工作，因此和丈夫的交流很少。

有一天，小刘没出差，难得一家人在一起过周末。儿子忽然问："妈妈，怎么你在家里的时候，张阿姨就不来玩了？"

小刘问丈夫："张阿姨是谁？"

"是我们单位刚分来的大学生。"丈夫不好意思得脸都红了。

小刘没有再追问，哄着儿子说："下次我们请张阿姨来玩，好吗？"

小刘想想自己对丈夫如此信任，可他竟……她思前想后，心里很难受。真想和丈夫大吵一顿，或者离婚算了。

过了一会儿，小刘冷静地认识到，自己经常在外，很少照顾儿子和丈夫，何况自己也不能肯定丈夫和小张的关系。如果不分青红皂白地和丈夫闹，倒显得自己没理了。

于是，晚饭的时候，她给丈夫做了最爱吃的菜。

晚上，她把孩子哄睡后，依着丈夫靠在床上，轻轻地说："我经常外出采访，让你一个人在家带孩子，实在太难为你了。我不在的时候你肯定像我孤零零一个人睡在旅馆里一样寂寞。现在我靠在你身上才觉得好踏实，没有你的支持，我的工作一天也做不好。"

丈夫一声不吭，怜爱地抚摸着小刘的头。

小刘轻轻问："我们周末一起请她来吃晚饭好吗？"

丈夫面有难色。

"你还不放心我吗，我不会让你为难的，更不会为难她。"

周末，小张来了，小刘亲自下厨热情地款待了她。临走时，小刘特地独自一人把小张送下楼，拉着她的手说："都怪我工作太忙了，对小周（小刘的丈夫）缺乏照顾，谢谢你常来带我们宝宝玩，也帮着照顾小周。看你这样温柔可爱，谁娶了你谁有福气。好了，不远送啦，有空欢迎常来玩。"一席话让小张又感激又惭愧。

后来，小张找了个帅气的男友，他们与小刘夫妇成了好朋友。

小刘面对丈夫和小张的暧昧关系，没有失去理智，大吵大闹，而是给双方都留了面子。

面对丈夫，小刘以情动人，首先向丈夫道歉：自己工作太忙，没有尽到妻子和母亲的责任。同时也表白：自己出差在外也很辛苦、寂寞，很思念家。

对小张的这番话绵里藏针，既热情又礼貌，同时也暗示对方，自己的丈夫是有家之人，让对方把握好交往

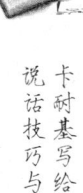

的尺度。

♥ 懂得爱屋及乌，婚姻美满好幸福

和谐的家人关系是幸福的最基本保障，其中婆媳关系是最不好处理的。要想维护幸福的家庭，做儿媳的就要与婆婆搞好关系，和睦相处。

时下没过门的女孩子为了试一下小伙子对自己是否有真心，自己过门后会不会受婆婆的气，经常问这个问题："如果我和你妈同时落入水中，都不会游泳，你先救谁？"憨厚的小伙子会说两个人都救，再追问下去就一声不吭了。女孩子当然不会满意。脑筋灵活的小伙子会说：当然先救你啦。其实，小伙子心里明白这种情况发生的可能性有多小。女孩子虽然脸上高兴，心里也明白这只不过是善意的谎言罢了。

对于男人来说，他的前半生同母亲相依为命，后半生同妻子同甘共苦，这两者之间怎样选择才好呢？而这两个女人同这个男人的亲密关系恰恰是这两个女人的对立关系。在诸多不良的人际关系中，大多数是由于处理不当造成的。从婆媳关系上来讲，似乎天生就水火不容。否则，女孩子还没出嫁怎么就问这么一个问题呢？

在现实生活中，由于不能同婆婆搞好关系，使夫妻不能和睦相处的例子屡见不鲜。

有一位幼儿园教师与丈夫结婚10年了，感情一直很好，丈夫对她也特别体贴照顾。然而因为丈夫"她是我妈，我不能顶嘴"的信条，两人经常吵架。时间长了，两人都觉得生活没意思。

另外，有一位妻子看见丈夫好几次背着自己给婆婆钱非常气愤，她认为给婆婆钱应该跟自己商量一下，不能总是这么背着自己；而丈夫认为母亲替自己照顾孩子，给点钱是应该的，背着妻子是为了让她眼不见心不烦。为此事丈夫还警告过她：如果老为这种小事争吵，两人早晚得分开。

还有一位年近不惑之年的妻子，跟婆婆生活了12年，由于婆婆爱在家人中间挑拨是非，给她的心理造成了极大的压力，身体也越来越坏，以致胃、肾、心脏都有毛病。最后导致她的婚姻已到了崩溃的边缘。她原来住在婆婆家，有了孩子以后，因为母亲需要照顾，每星期回娘家住三天。每次再回到婆婆家，婆婆就抱怨她们费水费电，经常为此闹得不愉快，以致关系越来越僵。后来竟闹到去法院离婚的地步。法院认为他们夫妻的感情并没有破裂，一些家庭琐事不足以构成离婚，于是驳回了他们的起诉。婚离不成，婆婆又不接纳她；孩子有病住院，往婆婆家打电话，又不让丈夫接，她的处境确实很艰难。

事情发展到了上述程度，确实让人感到惋惜。婚姻的起落应由夫妻感情的好坏来决定，怎么能因为婆婆而使两人对簿公堂呢？或许两个人都不说，或许一句话就可以说明白。

在这里，不想细究婆媳孰是孰非，因为就这样失去感情毕竟是遗憾的。聪明的女人当然明白婆媳关系决定着家庭的幸福和自己的幸福。下面几点建议给渴望幸福的女人作参考。

首先，不要对丈夫家里人存有戒心或者疑心。每家都

有自己的家风,每人都有自己的个性。来到一个新的环境,就要以客观的态度来接纳它。比如,很多受旧思想影响较深的老人认为儿媳是外姓人,有事把儿子叫出去单独商量。新婚的妻子往往很不习惯,或者硬拉着丈夫不让出去,或者自己也跟出去。后来发现谈话内容倒也无关紧要,就不再操这份心,受这份累了。类似这种情况,每个做儿媳的都可能遇到,这时不妨征求一下丈夫的意见:是婆婆故意刁难自己,还是婆婆为人一直如此?只要打消疑虑,彼此交流也就畅通了。

其次,接受丈夫对亲人的感情。在很多女人身上有一种很有趣的现象:她们很爱自己家的人,但不许丈夫对他的亲人有同样的感情。己所不欲,勿施于人,反过来也是如此,自己享有某种权利,就不要剥夺别人同样的权利。

最后,不要把婆婆同自己的母亲相比。你与母亲是血肉相连的,而婆婆是结婚以后才开始相处的。结婚前,同丈夫谈恋爱,有感情基础,而与婆婆几乎没有什么感情联络,这就像没往银行存钱一样,不要指望索取。

在一般的婆媳关系中,面子上过得去,没有太大的矛盾和冲突就是很正常的关系了。生活中也不乏关系融洽、相依为命的婆媳关系,但这需要双方的共同培养和双方性格相通,是可遇而不可求的。如果真的能达到这种境界,你的婚姻会更加美满。

第五章　与陌生人搭讪，你不妨这样做

♥ 悬疑式开场白助你巧搭讪

当你在和好朋友交谈的时候，就算是聊他不感兴趣的内容，他也会耐心地听你讲完；而在和陌生人交谈的时候，倘若你不能引起他的兴趣，他是不会给你讲话的机会的。

在搭讪时，要想吸引对方的注意力和引起对方的兴趣，并让对方能主动地参与到你的谈话中来，你就要学会设计一个悬疑式的开场白。

好的开始是成功的一半。一个好的开场白，能够在最短的时间内和对方建立起一种良好的谈话关系。

先看一个搭讪的小故事。

李瑶坐火车去外地出差，邻座是一位长得很漂亮的女孩。他想和女孩搭讪，要女孩的电话号码。

因此，李瑶看着女孩说："你是哪里人？"

女孩上下打量着李瑶："湖南人。"

"你是做什么的？"李瑶问。

"学生。"女孩回答得很简短。

"你平常喜欢什么？"李瑶再问。

"看书，看电影。"女孩声音里显得有些不耐烦。

"你是自己一个人坐火车吗？"李瑶又问。

"是。"女孩闭上了眼睛。

"你的电话号码是多少？"李瑶接着问。

女孩发火了："你问这个做什么？我为什么要告诉你？有必要吗？你真是个无聊的人。"说完，女孩和前一排的人换了位置。

李瑶很纳闷："她为什么要生气呢？我只是想和她认识一下而已。"

李瑶和女孩的对话，从表面上看是一问一答，没什么可挑剔的。其实，选择这样的搭讪开场白是很不妥的。

倘若用面试来解释搭讪，不停发问的只能是面试官而不是应聘者，因为是面试官来选择应聘者能否胜任这个职位，而不是应聘者去选择面试官。

同理，是李瑶想要和女孩搭讪，他的一系列发问会让女孩觉得很无聊，也因此被女孩拉入无聊男人的名单。

你在设计开场白时，就要遵循这样一条原则：要让对方觉得有趣、新奇，有想要一探究竟的强烈欲望。

再给大家讲个故事。

张澜是一位卖洗发水的推销员，他看到迎面走过来三个女孩，就上前推销说："美女，现在的洗发水价格便宜得几乎要白给了。"

"有多便宜?"一个女孩问。

"原先一瓶的价格,现在能给你三瓶。"张澜笑着说。

"现在多少钱,说来听听。"另一个女孩问。

张澜用手指比画了一个数:"超级便宜啦,如果你买我的洗发水,将会给你节约不少钱呢。"

最后,张澜成功地推销出去6瓶洗发水,每位女孩都买了两瓶。

一个精彩的悬疑式开场白,会吊足对方的胃口,会让对方有一种一直想要和你聊下去的意愿。

有一天,李婷去公园玩,看到一个长相俊俏的男孩在练习投篮。她很想去认识那位男孩,于是她在旁边观察了10多分钟。

等男孩停下来,坐在地上休息的时候,李婷说:"刚才,我看你打篮球,让我看到了你的未来。"

男孩问:"你会看相?"

李婷说:"不会。但是我的确看到了你的未来。"

男孩饶有兴致地问:"可以给我说说,我的未来是什么吗?"

李婷说:"你以后会成为一位出色的灌篮高手。因为你给我的感觉太像一位篮球明星了,你现在的气场太像年轻时候的他了。" 男孩迫不及待地说:"他叫什么名字?我很想了解这位篮球明星。"

李婷略作沉思状,"让我想想呀,好像叫什么?怎么现在想不起来了呢?"

男孩安慰道:"没事。你慢慢想。"

李婷说:"哎呀,我还有他的详细资料和历次比赛的视频呢。要不你把你的QQ号给我,我上网给你传过去。"

"好的。"男孩写下号码,递给李婷说:"那就拜托你了。谢谢。"

李婷心里暗自发笑:"没问题。小事一桩啦。"

如果你能做到像李婷那样,你搭讪的成功率就会大大提高,同时也会要到更多有效的号码。

学会设计一个悬疑式的开场白吧,让自己成为一名搭讪达人。

♥ 你的微笑,没人能够拒绝

想要认识更多的朋友,与陌生人打交道是必不可少的。那么,当你学会微笑,彻底甩掉苦瓜脸,你会发现很多人都愿意与你成为朋友,你也会变得越来越受欢迎。

微笑是最好的名片,是交际的钥匙。学会微笑,会让你的工作、学习、生活都顺心顺意。即使有挫折,也能微笑着乐观地面对。

张萌笑着说:"我最大的心愿就是能够和一帮姐妹逛街购物,然后我们一起狠狠地向老板砍价。"

"你以前购物不砍价吗?"王乐乐感到很奇怪。

张萌说:"我独自一个人去,根本不敢向店家砍价。但是,只要有做伴的,我就敢了。"

王乐乐说:"那还不简单啊。多交几个朋友,以后一块出去。"

张萌叹了口气说:"可惜,没人愿意和我做朋友。我参加过好几次交友活动，都没交上一个。"

王乐乐说："这不可能啊。下次，我陪你去参加活动，看看你是怎么表现的。"

过了几天，王乐乐跟张萌一块去了。她找准目标，上前和对方交谈。

而王乐乐呢？则潜伏在不远处，像个侦探一样仔细观察着张萌是如何表现的。

两小时过去了，张萌找到王乐乐说："看到了吧？我再次遭受失败了，我就知道我不行的，跟陌生人打交道，我真的不擅长。"

"你怎么这么快就否定自己了？"王乐乐说。

张萌一副愁眉苦脸的样子："我跟对方要电话，对方都不给，气死人了。"

王乐乐说："你发现自己一个致命的缺陷了吗？"

"什么缺陷？"张萌疑惑地问。

"从你开始和对方交谈，到交谈结束，你都是板着一个苦瓜脸，像对方欠了你几百万似的。"王乐乐说。

"是吗？"张萌说。

"你是来交朋友的，不是来讨债的。你老让对方看你的脸色，对方还怎么敢跟你做朋友啊。！"王乐乐说。

张萌说："我一直都是这个表情。"

"所以说，这就是你总交不到朋友的原因。"王乐乐说，"你改掉这个坏习惯吧。甩掉苦瓜脸，学会微笑，就没有人会拒绝你了。"

张萌说："好的。我听取你给我提的建议，以后我都会微笑面对别人。"

又过了一个月，张萌给王乐乐打电话说："我已经交到两个好朋友了，我们决定一起去逛街呢。"

王乐乐认识一个女孩叫晓彬，她是一名推销员，专门出售清洁用品的。

晓彬虽然是公司里年龄最小的，但是推销出去的清洁用品却是最多的。

而且，她跟老板和同事的关系都处理得特别好，同事们都喜欢她，亲昵地称晓彬为"开心果"。

究其原因，晓彬笑眯眯地回答说："推销商品时，你微笑，对方会不忍心拒绝你的商品。即使拒绝了你，对你的态度也不会恶劣到哪里去。"

"与人结交，你一脸微笑，对方会觉得你特别可亲，就会与你成为无所不谈的好朋友。"晓彬接着说。

俗话说：巴掌不打笑脸人。一脸阳光笑容的你，没有人会拒绝。没有人会不想和你认识，没有人会不想和你成为朋友。倘若你时常忘了微笑，那么你就去买一个笔记本。这个本子，就将它命名为"微笑日记本"。每天，你都规定自己笑的次数。然后，再在本子上记下，微笑给你带来的心得体会。认认真真地去感受生活，认认真真地去给对方一个微笑。这个微笑，是真实的，发自内心的。

❤ 寻找共同点，迅速拉近彼此关系

当你和陌生人交谈时，你要留心分析和揣摩，也可以在对方和自己交谈时揣摩对方的话语，从而发现共同点。

两个人初次见面，千万不要只甩出钓鱼竿，却忘了放上诱饵。我们对于交谈的内容必须有所了解。当你和对方谈到某一件事时，你必须对此有一个认识，否则你说的话会引不起对方的兴趣。

因此，在与别人交谈时，要全神贯注，找到共同点，会拉近彼此的距离，让对方也回报给我们一种好的印象。

何娜是云南人，现在在北京工作。

前些日子，她去逛超市，对店家说："我要瓶辣酱。"一不注意还把"辣酱"说成了地道的云南土语。

这时，正好走进来了一个男孩，也操着浓重的云南口音要了一瓶烧酒。

渗透着云南乡土气息的两句话，让他们彼此相视一笑。等他们提着东西出了店门，就攀谈了起来。

"你是云南哪里的？"何娜问。

男孩笑着说："大理的，你是哪里的？"

"玉溪的。我去过大理，觉得那里景色很美，那里的姑娘长得也秀气。"何娜说。

男孩说："大理好玩儿的地方可多了，下次回云南，记得来大理，我免费当你的导游。"

"好啊，我回云南就去找你。"何娜说。

接着，两人互换了电话号码。这之后，何娜和男孩还约出来吃过几次饭，还聊了聊家乡的那些事。

何娜常笑说："我和男孩聊天的亲热劲，不知情的人还以为是一家人呢。其实，只是因对方的一句家乡话而彼此认识的。"

想要和陌生人熟识起来，就要去找出双方的共同点，拉近你和他的关系。

那么,你会问,要怎样去发现陌生人和自己的共同点呢?

其实,答案很简单。当你和陌生人交谈时,你要留心分析和揣摩,也可以在对方和自己交谈时揣摩对方的话语,从而发现共同点。

有一次,王梅应一位朋友的邀请,去参加他的生日聚会。

在聚会上,王梅看到了一个女孩,穿着粉色的衣服、裤子和鞋子,甚至连手上的拎包都是粉色的。

王梅也比较喜欢粉色,那天也穿了粉色的纱裙。于是,王梅走到她身边向她问好,并说:"你是不是喜欢粉色?"

"是的。"女孩说。"我也是,"王梅说,"看来咱俩有共同的喜好了。"

女孩笑了:"大家都叫我'粉红妹妹'呢,我用的所有东西都是粉红色的,不是粉红色的,我一般不会要。"

王梅附和:"粉色的东西,看起来多可爱啊,用起来也开心。"

"对啊。"女孩说,"我卧室的墙壁就刷成粉红色的,感觉真的很好。"

一个人的生活爱好、追求或是心理状态,都会或多或少地在他们的衣着、谈吐、行为等方面有所表现。

而你要做的,就是观察和分析,找出你和对方的相同点来切入话题。

两个互不相识的人在一起,要打破沉默,就要开口讲话,而方式一般有以下几种。

方式一：和对方打招呼，询问对方的出生地、职业、年龄，从中获取信息。

方式二：通过听对方说话的口音、用的言辞，从而了解对方情况。

方式三：给予对方帮助，然后用话来试探对方的情况。

方式四：向对方借东西或请求对方的帮助，来发现对方的性格特点。

以上四种是最常用的，寻找双方共同点的方法还有很多。比如，你们要去同样的目的地或是有过共同的生活环境，等等。

你更要学会结交人，让自己的社交圈变大。想要和对方拉近关系，迅速变成朋友，就要学会寻找双方的共同点。

❤ 第一句话就显示你的关心

想要与陌生人营造一种"一见如故"的感觉，你需要说好第一句话，第一句话就要表达出你对对方的关心和爱心。

这样，你留给对方的第一印象是最好的，是最能打开对方心扉、最能让对方对你产生好感的。

王芳是一名刚入行的杂志社记者。

她接到一项任务，主编要她去政治学院，采访几位学生，并写一篇报道。

进到学校，王芳就对遇见的学生说："我是某某报社的，你可以接受我的采访吗？这个采访是针对……"

王芳话还没说完,就被对方打断了:"对不起,我忙着去上课呢。"

接着,王芳又询问了几个学生。

可是,对方都以"我在忙,没时间回答"或是"我对这些问题不感兴趣,你去找别人吧"等借口推托了。

王芳有些失落,心里想:难道我今天完不成主编交给的任务了吗?要不,我先不想采访的事情,休息一下再说。

于是,王芳去学校的超市买了一瓶矿泉水,坐在长廊上。

王芳无意间抬起头,看到对面走来一个女孩,拖着行李箱,还提着两个大包。

女孩额上布满了汗水,小脸红嘟嘟的,因为东西太重,女孩走三步,又停下来歇一会儿。

看到女孩这么累,王芳坐不住了。她从长廊上起来,走到女孩身边说:"让我来帮你提个大包吧,小女孩哪能提这么多重物呢?"

女孩把一个大包递给王芳,笑着说:"谢谢你,你真是个乐于助人的好人。"

"这不是应该的嘛。"王芳说,"你拿这么多东西,是要去哪里呀?"

"去女生宿舍楼。"女孩回答。

王芳问:"你是这个学校的学生吗?"

"是的。"女孩笑着说,"认识你真开心。"

"我也开心。"王芳说。

"你来我们学校做什么?"女孩问。

王芳叹了口气说:"我是一名记者,来你们学校想找几个学生做一下采访。可惜,你们学校的学生不是忙,就是不感兴趣,通通都拒绝我了。"

"你肯定很失落吧?"女孩问。

"是啊,"王芳说,"没有采访,就写不了报告,那怎么向主编交代呢?"

"你采访的对象,只要是这个学校的就可以了吗?"女孩问。

"是啊。"王芳说,"没有什么严格的规定。"

"你怎么没有考虑我呢,我也是这个学校的学生啊。"女孩笑笑。

"哦。"王芳说,"刚才,我都没想这么多。那么,你愿意接受我的采访吗?"

"你那么关心我,而且还和我聊了这么久,我肯定会接受你的采访的。"女孩说。

王芳笑着说:"太好了,真的谢谢你。"

女孩也笑笑:"而且,我还可以带你去宿舍,让我的舍友都来接受你的采访。如果舍友不够,我可以把班上的同学都联系过来。"

"你真是太好了。"王芳说,"我的运气真好,遇到你这么一位善良的女孩。"

结果,王芳在女孩的介绍下,迅速地高质量地完成了采访。

当王芳要离开时,女孩还跟她说:"如果你以后还要采访我们学校的学生,你就直接找我,我帮你联系同学。"

听了女孩的话,王芳心里觉得很温暖。

回报社的路上,王芳一直在想:我和女孩明明是陌生

人，为什么后来的关系变得那么好呢？

　　想了几分钟后，王芳明白了：原来，是她第一句话就表达出了对女孩的关心，给女孩留下了一个好的印象，因此两人聊天就像多年没见的老朋友一样，根本没有什么隔阂和距离感。你要学会在和陌生人说话的时候选个好开端，只要有一个好的开头，即使你和对方萍水相逢，也会一见倾心，相见恨晚。

❤ 选择话题时，请以对方为中心

　　谁都希望别人在乎自己，如果你对准对方去选择话题，对方就会兴趣盎然。而且，对方也会敞开心扉，打开话匣子，和你闲聊起来。

　　人们总是对有关自己的工作、家庭、理想等话题表现出浓厚的兴趣。当你围绕着对方的兴趣展开话题，对方就会敞开心扉，打开话匣子，兴致勃勃地与你神侃起来。双方兴趣重叠度越高，你的交谈就越能打动对方的心灵，为对方所欢迎。

　　张莹逛了2小时的百货商场后，坐在过道的椅子上休息。

　　她抬头四处看看，发现坐在自己旁边的是一位长相很英俊的男孩。对于"帅哥控"的张莹来说，赶紧和帅哥认识是目前最需要做的事情。

　　于是，她开始搭讪："你好，我是张莹，你长得真帅呀。"

　　"你好。"男孩面带微笑。

张莹开始展示和推销自己，想用自己的长处，让男孩为她折服。

"我会做很多种菜，而且不管是西式还是中式的，我都会做得很好吃。其次，还会做些比较有名的小吃。"

"真不错。"男孩竖起大拇指。

"我的文采还很好，在报纸上曾发表过作品，还得到了很多读者的好评。"

"是个才女。"男孩说。

"我不仅会跳舞还会唱歌，上中学时，在文艺晚会上，曾多次登台表演。"

"嗯。"男孩打了个呵欠。

"我还喜欢做家务，家里的卫生都被我一个人包揽了。"

男孩低下头，没有说什么。

"我很会饲养小动物，在我的照顾下，它们总是长得肥肥壮壮的。"

男孩起身离开了位置。

"唉，你别走啊，我还没有说完我的优点呢。"张莹大声说。

"说给自己听吧。"男孩没好气地回答，头也不回地走了。

张莹觉得很郁闷，她找到闺蜜肖肖说了情况，问："为什么他没有兴趣听下去呢？我可是很想跟他认识的，所以想把自己的优点说给他听。"

肖肖说："原因在于你过分地以'我'为中心，总是在绕着自己说。而你却没有去考虑他是否愿意听你说

自己。"

"那我以后要怎么做呢?"张莹说。

"试着让对方做谈话的主角,切忌不要每一件事都扯到自己身上,来发表看法。"肖肖说。

搭讪时,你若过分地以"我"为中心,只会让对方厌烦。态度好点的,会礼貌地应付几句;态度不好的,会直接甩手走人。

有的人,说话从来只说自己的事情,哪怕问别人"吃饭了没",也会转移到自己的身上。殊不知,这种做法很容易引起对方的反感和排斥。

和张莹不同的是,林雪却是一个很会让对方成为谈话中心的人。

在一次会议上,林雪看到了作家芮依也在场,就上前搭话:"你本人比电视上漂亮多了,真是个大美人。"

芮依笑着说:"谢谢你。"

"不用客气啦。"林雪摆摆手,"你写的书,我基本上都读过了。我觉得本本都写得超好,太让人佩服了。"

芮依亲切地拍了拍林雪的肩膀:"谢谢你的支持。"

"你真是有才有貌呀,我已经把你当成我心目中的女神了。"

芮依被夸得脸都红了,她也很喜欢林雪。会议结束后,芮依还和林雪去喝咖啡。虽然两人才刚认识,但一下子就成为无所不谈的好朋友。

此后,芮依出席会议或是活动时,在她身后,都可以看到林雪的身影。

可见,与陌生人搭讪时,不要总以自己为话题,而是要以对方为话题，让对方成为谈话的中心，对方一定会有一肚子话被你勾起。

♥ 无关紧要的秘密，你可以与对方分享

搭讪陌生人，想要对方更加信任你，你要会与对方分享一点无关紧要的小秘密。可别小看你分享的这点秘密，它可以在很大的程度上推动你和对方建立良好的人际关系。

大专毕业后，胡艳找了几份工作。

可是，她都感觉到不满意。不是工资太低，就是工作太累，要不就是她对那份工作没有兴趣。

胡艳觉得，她还是学历低，因此选择工作的机会才少。

于是，胡艳就想自学，参加自考，拿个本科文凭，再出来找工作。

为了有更好的自学环境和学习氛围，胡艳在国家图书馆旁边租了一间房子。她白天就去国家图书馆里面学习，到闭馆时才出来。

去了几天，胡艳发现有一个很文静的女孩，也看着和她一样的书，并且她俩选的位置老是连在一起。

胡艳心想：这个女孩不会也是自考的吧？如果我和她认识，以后去食堂吃饭，还有个做伴的呢。

有一天，到了中午饭时间，那个女孩收拾书包离开了。胡艳也收拾好物品，跟在那个女孩后面。

随着女孩，胡艳来到了食堂。她看到女孩要了一盘辣子鸡丁、一盘油麦菜和一小碗米饭。接着，胡艳也要了和女

孩一模一样的菜。然后,胡艳端着盘子,坐到女孩的身边,说:"我坐你旁边,可以吗?"

女孩说:"当然可以。"

胡艳看了女孩的盘子一眼,装作很吃惊的样子,说:"你和我打了一模一样的菜啊。"

女孩抬头一看:"是啊,看来我喜欢吃的东西,你也喜欢。"

"咱俩真是有缘,连喜好的食物也是一样的。你喜欢吃辣,是南方人吧?"胡艳说。

"是的,那你也是南方人吗?"女孩问。

胡艳说:"是啊,我是四川人,考到北京来上大专,毕业后,找的工作都不如意,就想再学习一下,考个文凭。"

女孩说:"那你也在国家图书馆看书吗?"

"是啊。"胡艳说,"我每天都来这里看书学习的,你也是吗?"

女孩笑笑:"看来咱们真是有缘,我也是来这里学习,准备考研的。"

"真厉害。"胡艳翘起大拇指,"等我考上了本科,也来考个研究生读读,和你一样。"

女孩说:"好啊,你肯定会考上的,我预祝你成功。"

胡艳说:"既然咱们都在国家图书馆里面学习,以后一起出去吃午餐,彼此都有个伴,你觉得好吗?"

"可以啊!"女孩笑着说,"我觉得你是个值得信任的人,应该是可以交往的,可以做朋友的。"

"你为什么那么信任我啊？太感动了。"胡艳说。

"那是因为你先信任我，给我说了那么多关于你自己的事情，你自己的秘密。所以，我也信任你。"女孩说。

无独有偶，还有一个故事也是类似的。

有一次，张丽坐火车去海南岛旅游。

因为路途遥远，要坐10个小时才到达目的地。而那天又没有心情看书，张丽便想找个人聊天。

坐在张丽对面的是一位长相清秀的男孩，看起来他也比较烦躁，一直在看手上的表，嘴里还念叨着："时间怎么过得这么慢？火车怎么也开得这么慢？"

张丽笑着说："你不要一直去看手表，时间就过得快了，你感觉火车也开得快了。"

"可是，我很无聊。"男孩说，"只能看看手表，来打发时间。谁知越看手表，感觉时间越漫长。"

"和你分享个我的秘密哦。"张丽笑着说，"其实，我是个会晕车的人，最害怕坐车了。可是，我又特别喜欢旅游，总是喜欢到处跑。"

"我也喜欢旅游。"男孩说。

张丽顿了顿："当我坐车感到烦躁的时候，我就会在脑子里想象一幅所到目的地的美景图。如果目的地是内蒙古，我会想象我在草原上骑着马，唱着歌儿，心情自然就愉快起来了。"

"真的吗？"男孩问。

张丽说："这个方法对我自己是很管用的，但不知道对你起不起作用。你可以闭上眼睛，尝试看看，效果如何？"

"好的。"男孩闭上眼睛。

10多分钟后,男孩睁开了眼,笑着说:"你介绍的方法真的很管用,我现在不烦躁了。"

张丽笑笑,男孩接着说:"我把我的电话给你吧,以后你要去哪里旅游的话,我来陪你。"

"你就那么信任我?"我问。

"你能跟我分享你的小秘密,肯定也不会是坏人啦。并且,我觉得你还是很有趣的人,很希望与你成为好朋友。"男孩认真地说。

与心爱的人分享秘密是幸福的;与陌生人分享无关紧要的小秘密,也会让你取得对方的信赖。

你需要获得事业的发展和成功,你就需要更多的人脉、更多的资源。所以,你必须学会与对方变生为熟的搭讪话术。

♥ 攀亲认友,缩短彼此间的心理距离

每个人的潜意识中都有一种"排他性",对与自己有关的事物会表现出极大的兴趣,对跟自己无关的事物则会表现得很冷淡。

想要跟陌生人一见如故,这不是一件容易的事情。如果你能,那么你的朋友会遍布各地,不管做什么事,都会很顺畅。倘若你不善于跟陌生人打交道,那么你在交际中就会处处碰壁。

通常,只要你肯下功夫,对一个素不相识的陌生人进行一番认真的调查,都能找到或远或近的亲友关系。倘若你

能够拉上这层关系,就能使对方产生亲切感。

林凯是文化圈里人脉最好的人。每当朋友问及他原因时,他总是笑着说:"我有能跟大多数初交者一见如故的能耐,自然我交到的朋友就很多喽。"

他的朋友王芳追问道:"怎样才能跟初交者一见如故呢?"

林凯说:"和对方攀亲认友,制造出一种亲切感,就能缩短和对方的心理距离。"

有一次,王芳和林凯出去谈合作。

面对初次见面的编辑李可,王芳只会笑着说:"见到你很荣幸,希望咱们能够谈成合作。"

李可笑着说:"见到你我也很荣幸,我也希望能够有项目与你们合作。"而林凯的开场白却截然不同:"我是你表妹的好朋友,我和她几乎每周都见一次面。"李可瞪大了眼睛,"是吗?我都不知道,是我当导购的那位表妹吗?"

"是的。我明天还和她约了喝咖啡,要不你明天也过来,咱们三个人好好聚聚,聊聊天。"林凯说。

李可热情地上前握了握林凯的手:"好的,就这么说定了。我也好久没和我那表妹见面了,正想和她聚聚。而且,还交了你这个好朋友,心里特开心。"

林凯笑了:"我也是,能够和你做朋友真是我的荣幸。我给你说说咱们公司的情况。"说完,林凯拿出了一沓资料,开始介绍。

林凯才说了个头,李可就打断了他的话:"我还不相信你吗?咱们都是好朋友了。我要和你合作,条件就你定的这个,我会回去和上司说的。"

"谢谢,哥们你太好了。我和别人合作都是遵循一个'互利'的原则,双方都不会吃亏。"林凯说。

"我知道,也很信任你。"李可说。

接着,林凯和李可又杂七杂八地聊了一些,那热乎劲看着就像几十年未见的好朋友。后来,李可离开了,王芳和林凯也开车返回。一开始,王芳就听得很纳闷,现在终于有机会问了:"我以前怎么不知道你和李可他表妹认识呀,你们还一下子就成为朋友了呢。"

李可一脸自得的样子:"我知道要来见李可,所以我事先已经对他做了一番调查,好让我和他攀亲认友。"

还有一次,王芳和林凯去某所高中里演讲,面对几千位初次见面的学生,他的开场白就很特别:"我和在座的各位同学都是好朋友呢。"

台下一片哗然,有胆子大点的同学说:"我们为什么是朋友呢?我们从来没有见过你。"林凯说:"念大学时,我和你们校长是同一个系的,我们还是无所不谈的好朋友。以此看来,我和各位自然也是朋友了。"

这时,台下传来了一阵雷鸣般的掌声。

同学们的情绪也被带动了起来,接下来林凯不管是向同学们提出问题,还是走下台去互动,同学们都很热情,积极地配合着他。

等林凯演讲完后,还有很多同学来找林凯要签名,有的还要了电话号码,说要和他联系,以后班上有活动要请他来讲话。

我们不得不对林凯竖起大拇指,他的确是一位攀亲认友的高手。

林凯总结说:"其实,对于任何一个素不相识的人,只要你事先花足工夫去研究,都可以找到或近或远的亲友关系。"

因此,在交谈中你要学会点出这些关系,使对方意识到你们两人的关系很近。

"天涯何处无朋友,交谈何必曾相识。"要想用三言两语便得到对方的喜爱,做到一见如故,关键是要在见面交谈之前花点工夫。

如果你能做到与陌生人一见如故,你的朋友会遍布各地,办事会很顺利,如同鱼儿得到水一样。

第六章 睿智的女人,懂得拒绝的艺术

♥ 面对"盛情",巧妙推却很简单

女人天性是温柔的,对于别人的一些无理要求倒还可以应付,但是对于别人的好意,女人往往就不知该如何是好了。生活中女人经常会收到来自别人的好意,有些好意女人会很开心地接受,但有些好意却不是女人可以坦然接受的。这个时候,即便是好意我们也要拒绝。

比如,在日常生活中,朋友好意邀请你去参加一些聚会或者活动,虽然心里不愿意去,觉得浪费时间,但又怕拒绝后让他心里不好受,只好硬着头皮前往。然而,如果你能掌握一些说话技巧,把拒绝的话说得八面玲珑,便可以让自己从两难的境地中解脱出来。

毕业几年后,同学们大多有了稳定的工作。几个活跃分子组织了一次同学聚会,季晓白也应邀参加。再次相聚,大家都十分愉快,聊天调侃,推杯换盏,不亦乐乎。季晓白不胜酒力,但又不好意思推脱好友的热情,便和大家一起喝了起来。最后季晓白喝得酩酊大醉,回家的时候连路都认不清了,幸亏一个同学回来拿外套发现了她,打通家里的电话才将她送回家。

聚会中还有一个同学叫丁若然,她是个聪明人,知道自己不胜酒力,在喝了几杯之后,就趁着去洗手间的工夫发短信告诉男友过半个小时打电话来就说"找我有急事"。最后大家看着丁若然着急的样子,也就让她先回去了。

丁若然因懂得如何友好地拒绝他人,自己不那么为难,而不像季晓白一样不懂拒绝而喝得大醉,让自己陷入危险,让家人担心。有些应酬是免不了的,但过多的应酬会让人们头痛不已。对于那些不必要的应酬,你要敢于说"不",以便节约更多的时间和精力,去做其他更重要、更有意义的事情。如果女人因盛情难却,而不忍拒绝对方,他会误以为你乐于参加,以后再有类似的邀约还会找你参加。

拒绝对方时,要给对方留退路、留面子,要给对方一个台阶下。聪明的女人最好先认真耐心地听对方把话说完,当你完全听完对方的话后,心里有了主意时,再来说服对方,就不会使对方难堪了。

婉拒他人好意的时候,你可以把你的拒绝"夹杂"在对他的感谢中间。在表示拒绝的时候,态度一定要坚决、肯定并表示歉意。例如,"我很高兴你邀请我去参加派对,但是这个星期我答应我姑姑要去看望她。然而,我非常感激你的邀请,下次有机会,我会邀请你喝茶。"

有时,拒绝也不能把话完全说死,你可用拖延法说

"不"。你可以这样说:"以后吧,有时间我会约你的。"特别是在商界交际中,要让对方明白,这次拒绝,还有下次机会。

只有用妥当的拒绝方式诚恳应对,才能使对方欣然接受自己的拒绝。拒绝对方时,态度一定要和蔼,不要流露出不高兴的表情,或者去藐视对方。还有一个最关键的,就是要明确说出事实。要据实言明,不要采取模棱两可的说法,这样会使对方摸不清你的真正意思,而产生许多误会和隔膜,导致关系越来越淡。当女人能把拒绝的话说得八面玲珑,自己就不必陷入两难的境地了。

❤ 朋友借钱,这样拒绝才合适

生活中,谁也免不了遇到朋友开口找你借钱的事。遇到熟悉且有信誉的人,而你又有能力帮助,借钱当然不成问题。好借好还好说,最怕的就是借了钱不还,以后连朋友都做不成了。早知如此,当初借钱的时候为什么不去拒绝呢?倘若由于各种原因不想借钱给对方,女人只有学会巧妙地拒绝,才能避免借钱不成造成的关系紧张。

朋友借钱的时候,直接将拒绝说出口似乎是很多女人都难以做到的事情。因为感情因素,或因为个性关系,或因为情势所迫,没有委婉地把"不"说出来,善良的女性常常会违背自己的意愿而借出自己辛苦积攒的钱财。

好朋友借钱一定也是有了难处,如果此人信誉一向较好,又是真的遇上了暂时的"财政窘境",俗话说"救急不救穷",不妨适当地借给他一些。但是如果对方信誉不好或者借钱的目的含糊其词，就要学会委婉地拒绝对方。如何拒绝才能既达到自己的目的，又不伤害朋友之间的和气呢？

前不久，刘安彤升职了，收入也是大大提高，朋友们向她借钱的也多了起来。按说一些小数目的钱刘安彤也很爽快，但是一些朋友想做生意或者结婚买房向她借钱，一开口就是几万元，刘安彤就非常为难。虽然几万块钱还是能拿得出，但是毕竟不是个小数目，不借给朋友，面子上又过不去。

一次，刘安彤的一个朋友向刘安彤借钱，刘安彤就说："因为有买房子的打算，我的钱都存了定期存款，手头余钱不多。这样吧，我先看看我有多少，先借给你一些你应应急，要不我再问问我妈有没有余钱吧！"

朋友说："哪好意思让你动你妈的钱啊！我再问问别人吧！"刘安彤就这样巧妙地躲过了朋友借钱的要求。

不想借给对方，又担心不能直言，不妨用委婉的招数。当我们用委婉的语言拒绝对方，显得很婉转、含蓄，更容易被朋友所接受。比如，你可以说："你怎么不早点说？我手里的余钱上个月刚给父母更换了老冰箱、老彩电。我真的想借你，可是我真的无能为力。"或者"哎哟，提起借钱的事，我这还欠着别人一笔钱没还呢。"再比如，你可以说："我婆婆生病了，需要用钱。"或者"我弟弟上大学，刚给他交了学费和生活费。"这样说不容易伤感情。

李鲲鹏夫妻前些年双双失业，就向银行贷款做起了小买卖。两人披星戴月，苦干了两年，终于把贷款还清了，生意做得越来越好，收入也颇为可观，生活自然有了起色。李鲲鹏有个中学同学叫宋志远，是个游手好闲的人，经常把钱

扔在赌场或者新认识的女友上。前不久，宋志远新认识不久的女友偷偷卷着他的一大半钱财走了，他去赌场发泄郁闷又输了不少钱，就把眼睛瞄上了中学同学李鲲鹏。

一日，宋志远找到李鲲鹏说："我最近想开个小吃店，手头还缺七八千块钱，想在你这儿借点钱周转，过段时间就还。"李鲲鹏了解这个发小的嗜好，知道他说的并不是实情，借给他钱，无疑是肉包子打狗。李鲲鹏敷衍着说："好！再过一段时间，等我有钱把银行到期的贷款还了，就借给你。银行的钱我可不敢拖，越拖越多啊。"宋志远听李鲲鹏这么说，没有办法，也就答应着离开了。

有的时候可以用一些借口推脱朋友借钱的要求，或者跟朋友说以后借给他，知趣的朋友也就明白你的意思了，比如可以这样说："哎呀，你说你早开口，我就能帮上你了。这不，昨天我邻居家里老人生了病，急需用钱，就借给他应急了，现在手头没剩下多少了。这么着吧，等他把钱还我，我马上借给你。"

不过，有的时候找借口推脱，比如说"我的钱都被父母管着"只能让对方认为你摆明了不想借给他钱。所以说，如果为怎样拒绝感到犯难的时候，不如直截了当，把你实际的难处说出来，让对方知道你拒绝他的原因是什么，他一定会因此理解你的。

对于不拘小节善于幽默的人，可以用一句玩笑话表明自己经济上的不宽裕，比如"你看我的脸干净吧？我的兜里比脸还干净呢。"或者"我还想向你借钱呢，现在看来也实现不了了呀。"

朋友既然来借钱，也一定会做好了被拒绝的准备。有的时候，得罪对方的原因并不是你的拒绝，而是你采取的拒绝方式。拒绝的方式得当，既不会伤和气，也能达到目的。女人多学几招，必定能从尴尬和为难中抽身而出。

♥ 事情很难办，摆出你的难处

如果一个朋友非要让你帮忙做一件你职权以外的事情；或者一个做生意的朋友向你兜售物品，而你知道如果买下就一定会吃亏；或者你的患难朋友，曾在你最困难的时候帮过你，现在有求于你，而你心有余而力不足，但对方却认为是你忘恩负义，故意不帮助他……遇到这些问题时，女人们该怎么办呢？最理想的办法就是说出你的难处，让对方理解你的苦衷。

对方请求帮忙，如果是举手之劳的事，想必谁都会答应。但如果你根本无法胜任，也不要勉为其难，不如把你的实际难处说出来，让对方知道你拒绝他的原因是什么，他一定会因此理解你的。

马晓夏年轻貌美，而且还是单身，照说应该无忧无虑才对，可是最近的工作状况让她非常烦恼。原来，领导最近每次约见重要客户都要带着马晓夏，她自嘲是公司里的"义务交际花"。

领导带马晓夏参加这种应酬的目的自然是想多谈成几笔生意，可是马晓夏却深受其扰，经常被一些或真心或假意的男客户"骚扰"。最令人烦恼的是领导还特地嘱咐她："这是重要客户，不要得罪他们。"很多时候，马晓夏都忍受着，不知道该如何拒绝领导的命令，该如何拒绝客户的

骚扰。

在一次应酬上,马晓夏认识了一位客户,这位客户30岁出头,是一位"钻石王老五"。这位土豪姓周,是一家公司的老板,似乎对马晓夏感觉很好,频频邀请她单独约会。因为遵守领导的"不得罪"原则,马晓夏硬着头皮答应周老板的邀约,不想周老板是执着的类型,硬是认为马晓夏不拒绝就暗示着接受。

其实周老板人是不错,但是并不代表就是马晓夏喜欢的类型。见周老板的爱情攻势日见猛烈,自己在工作上还有求于人,马晓夏不禁进退两难。终于有一天,周老板明确表白,并让马晓夏"表态"。

"我有男朋友了。"马晓夏说。"我问过你们领导,他说你还是单身。"周老板一点儿都不死心,"我现在不想谈恋爱,"马晓夏说。"没关系,我们可以慢慢相处。"周老板依然不放弃。

马晓夏想来想去,这个事情要和领导好好谈谈。马晓夏找到领导:"首先,我在咱们公司是一名行政助理,而不是交际花,如果工作需要我去出席某种场合,那么我可以去,但是像这样的骚扰我不希望有。我希望您能尊重我的隐私,不要将我的私人情况告诉客户。其次,这段时间我很累,我想好好休息,请给我三天假期,希望您能够理解我。"

领导看了看马晓夏,微笑着说:"对不起。"之后再也没有让马晓夏担任"义务交际花"了。

有的时候,直接表明自己的难处能够让对方明白你的立场,而不会误以为你在拿架子,故意推托。当朋友求你帮忙时，如果无法办到，一定要讲明道理，摆明利害关系，明确地加以拒绝。这样，朋友也会理解你，不至于以后总"麻烦"你了。

一般情况下，来向你寻求帮助的人都是因为相信你能解决他的难题，自然对你的期望也就比较高。但是，对方对你的期望值越高，你拒绝的话就越难说出口。女人在拒绝别人的时候，如果适当地讲一讲自己的短处，就能降低对方的期望；在此基础上，再抓住适当的机会多讲另外的人的长处，就能将对方的期望值自然转移过去。

当对方确实有为难之事找你帮忙时，而你又无力承担或不想插手，此时你可以用为对方寻找其他出路的方法，来弱化可能产生的不愉快。比如："这件事我实在没有办法帮你去办了，你不妨去问问某某，看他能不能帮上你。"这样一来，对方有了解决问题的出路，就不会介意你的拒绝了。

我们不是万能的上帝，不可能呼风唤雨、有求必应。如果女人因为不好意思拒绝别人的请求，轻易承诺一些自己不能或不愿履行的事情，只会让自己痛苦。一旦事情没有办成，你在对方面前会更加难堪。面对不可能为之的请求，说出你的难处，让对方理解你的苦衷，既达到了自己的目的又不得罪人，实在是再理想不过的办法了。

❤ 身处职场，这样拒绝不合理的要求

女人在职场中，如果遇到同事请求帮忙，自然不好意思推托。帮同事的忙自然能促进和同事之间的良好关系，又

可以高效地工作，但是有时候，面对同事提出的一些不合理的要求，女人该如何应对呢？想要既不耽误自己的工作和生活，又不影响同事之间的关系，怎样把握好这根平衡木，女人一定要学几招拒绝的技巧，委婉地打消同事的要求。

不管什么时候，拒绝别人的要求，对人们来说都是一件颇为难的事。办公室里，几乎所有的女人都害怕或者不愿意拒绝同事的请求，因为她们担心拒绝会破坏良好的人际关系。因此，我们在面对同事的不合理要求的时候，常常感到为难，以致每次都心软地接受。

陈乐枫与公司其他部门的一位部门主管陆婉十分要好。有一天，陆婉突然过来找陈乐枫。陈乐枫很奇怪，问："现在可是工作时间啊，你找我有什么重要的事情吗？"陆婉说道："乐枫，我们部门现在有个产品需要推广，希望与某广告公司合作。但我在那家公司没有熟人，就想请你帮个忙。"陈乐枫一愣，陆婉继续说："你上次跟我说过，你和那家公司的一位经理很熟，你就做个中间人吧，帮我说几句话。事成之后，我不会亏待你的。"

陈乐枫一听，感到很为难，想直接回绝，又怕陆婉不高兴。答应吧，她又不想把公事和私交混在一起。于是，她对陆婉说："这件事也不是很难，不过我之前听说你们对这项产品推广很着急，我是认识这家公司的一名经理，不过，她这段时间在休假，我怕等她回来，你们的产品推广就被耽误了。"

陆婉一听陈乐枫的话，心里就基本上明白了。陈乐枫又对陆婉说："我听说这家公司的客户部经理人很不错，你大可以直接去找他。"其实，陈乐枫的朋友并没有去休假，她只是不想插手太多。陈乐枫认为，自己与陆婉不是一个部门的，把自己搅进其他部门的工作，怕自己的上司对自己有意见。再说，如果办不成的话，反倒影响了自己和陆婉的友谊。

在拒绝对方之前，女人最好先让对方将自己的话说清楚。如果对方的话还没说完，女人就着急拒绝，只会让对方觉得不受尊重。当同事向你提出要求时，他们心中通常也会有一定程度的不好意思，担心你拒绝，担心给你带来麻烦。认真倾听可以让对方将自己的处境与需要，讲得更清楚一些，你也可以知道该如何帮助对方。了解对方的难处之后，女人要对同事的处境表示理解和同情。

在了解情况之后，如果你认为自己做不到，或者因为一些别的原因不愿意帮助对方，就要委婉地向对方表达拒绝之意。说"不"的态度必须是温和而坚定的。即使是炮弹，也应当裹上糖衣。例如，当对方的要求不合公司规定时，你就要委婉地向他解释："如果我有这样的权限的话当然愿意帮助你，但是受工作职权所限，没办法帮你做这件事，这违反了公司规定。"或者，当对方的请求影响了你的工作节奏，你也可以说："你看，我现在这份策划案，老板急着要，这几天已经催了很多次了，我加班加点都不知道赶不赶得完。要是你不着急的话，我过几天再帮你，行吗？"

在表示拒绝的时候，要从对方利益出发来说明自己爱莫能助的理由。在拒绝同事的要求之时，对他说你之所以拒绝，是为了对方的利益着想。这样的话，同事不仅不会怀疑你的意图，还会对你产生感激。

如果你帮不了对方，可以对对方的处境提出一些好的

建议。这样就算你没有帮助同事，同事也会感激你，而不会对你产生怀疑。女人在平时应该对同事多加关心，变被动关心为主动关心，同时让对方能够了解自己的立场和苦衷，才能让同事感受到你的真诚和善意，从而取得理解和共识。

❤ 拒绝求爱，你需要掌握技巧

很多女人漂亮、优秀、聪明，得到异性的好感和爱慕是非常正常的事情。如果你们两情相悦，可以发展成令人羡慕的爱侣。但是，在很多情况下，女人遇到的告白者并不是自己心仪的对象或者不能将对方当作恋人，就会产生莫大的苦恼。拒绝吧，担心伤害对方的心，尤其是对方是自己的朋友的时候；不拒绝，却又实在不能接受。因此，女人一定要学几招拒绝求爱的技巧，用杀伤力较低的话语让对方知难而退。

君凝是个漂亮的女孩，追求她的男人能排成排。有人评价这景象不亚于众星拱月，君凝因为这一点而格外骄傲。一天，同单位的一个其貌不扬、表现平平的男同事找到君凝，捧了一束玫瑰花，还用深情的目光看着君凝，表白道："君凝，我喜欢你两年了，从你第一天来到咱们公司开始。你能不能给我一个机会？"

君凝看都没看那个同事一眼："想让我给你机会，也不回去看看自己够不够资格，真是癞蛤蟆想吃天鹅肉，哼！"那位男同事被羞得无地自容，非常伤心地走了。君凝身边的同事都觉得君凝的高傲态度实在是很过分，纷纷疏远了她。

拒绝男人的求爱时，女人的态度一定要坚决，不管用什么方式，一定要让对方明白你的意思。拒绝的话说得不要太含糊，否则会让对方误以为你喜欢对方或者他还有机会。就算你是出于礼貌或者是顾全他的面子，不够坚决的态度也只会让他觉得还有希望，最后往往带来比拒绝更大的伤害。

女人要特别注意，拒绝的言辞一定要委婉。不管多么困难，不能接受的爱情总是要加以拒绝的。但是说话的时候不能太过直接，否则不但会对求爱的男人带来严重的打击，伤害了他的面子，还会让双方的关系变得紧张，甚至酿成因爱生恨的悲剧。

女人可以采取委婉而直接的拒绝方式，比如"我觉得我们不合适，更适合做朋友，我喜欢的不是你这种类型的"；或者说"你很好，但在我心中已经没有位置了，我已经有喜欢的人了"；也可以用假设的方法，如"其实我也希望能对你说出这句话，但无论如何我不能骗人"。用这样一些委婉的话语，就会让对方明确地知道你的想法，既不会产生误解，也不会太伤面子。

任小菲今年22岁，青春靓丽，性格活泼开朗，很受朋友们的喜爱。任小菲有一个斯文腼腆的朋友叫林彬，对任小菲爱慕已久。任小菲也隐隐约约感觉到了林彬的情意。

这天下班，林彬打电话给任小菲说："小菲，晚上有空一起去吃饭好吗？我有一件很重要的事想跟你说。"任小菲立刻就明白了"重要"的含义。于是她笑着说："好哇！我也正好有事情要你帮忙呢！"

林彬一听高兴极了，放松了心情说："行，只要是帮你的忙，我一定全力以赴、两肋插刀。"任小菲又笑了：

"没有那么严重,就是最近朋友给我介绍了一个男朋友,他电脑出了问题。我知道你是个出色的电脑专家,你可一定要帮忙啊。"

女人在拒绝对方的时候一定要顾及对方的自尊,你可以先对对方的优点加以肯定,再用委婉的话语表示不能接受,这样能够避免一些内向、脆弱的男人受到严重的打击,从而消沉下去。一句"我在乎你,但我并不爱你"足以委婉得体而又直接明了地拒绝对方。这样做既能恰到好处地照顾对方感受,使双方不至于太过尴尬,又明确地表达了自己的立场。

对于有着深厚友谊的异性朋友,女人更是会左右为难。"和你在一起时自然开心,但我们之间就是不来电。"相信聪明的他一定明白你的想法,不会迈过那道友谊的界限,维持做朋友时开心的感觉。

爱情来不得半点将就,拒绝别人的求爱总会伤到别人的心,但是如果能够选择恰当的方式拒绝对方,就不会让这种伤害持续下去。除了选择恰当的方式,合适的时机也很关键。聪明的女人一定要根据平素双方之间的关系以及对方的性格特点,用最合适的方式表达自己的拒绝之意,而不会造成不好的后果。

❤ 这样的"逐客令"才有"人情味"

宋朝著名词人张孝祥在跟友人夜谈后,忍不住发出了"谁知对床语,胜读十年书"的感叹。朋友来访,畅聊一番固然是好事,但是时间过长的"对床语"或者无意义的聊天只会让你如坐针毡。心软又好面子的女人，如果不阻止对方，只会浪费掉自己的时间。不妨学几个下"逐客令"的巧妙方法。

有一回，岳玫的一位朋友来家做客，那位朋友待了很久也没有要走的意思。无奈之中岳玫心生一计，对朋友说："我新买了一个衣柜，我觉得还不错，你帮我看看怎么样，走，我们到卧室里看看。"朋友听到后欣然而起，于是岳玫陪她到卧室里去观看她的衣柜。看完后，岳玫趁机说："我们再回客厅坐坐吧，好吗？"这时，对方看了看窗外的天色，说："不了，天太晚了，我该回家了，要不就耽误买菜做饭了。"

生硬的拒绝会让客人丢面子，但委婉的拒绝则是一个愉快的过程，但是对对方的素质和反应能力也有一定的要求。例如上文中岳玫的客人，倘若不能明白和弄懂岳玫隐藏在话里的意图，那么主人的隐晦"逐客令"必然会失败。那么这时，即使隐晦的语言，说得也要让对方明了。

聪明的女人在下逐客令的时候，不会太直接，她会巧妙地暗示对方，比如，她会说："我多想和你多说说话啊。不过，我们教研组最近要出考试题，我从明天开始就要赶工了，争取年底能评上优秀教师。有时间，咱们聊他个通宵。"

再比如，女人也可以说："最近我丈夫为了不耽误我晚上休息，一直早起赶去公司加班，吃过晚饭后就想睡觉。咱们是不是说话时轻一点？"这句话用商量的口气，却传递着十分明确的信息："你的拜访妨碍到了我丈夫的休息，我们还是下次再聊吧。"

隐晦曲折地表达出自己意图的方法有许多种。这样既维护了彼此的情感，又不至于让自己的事情拖延，实在是两全其美。

把"逐客令"说得美妙动听，不是一件容易的事。聪明的女人却能运用高超的语言技巧做到两全其美，既不伤害好聊者的自尊心，又能让对方知情识趣，给对方留下退路。如此一来，你就可以节省出大把的时间，做更重要的事了。

❤ 面对男上司的暧昧行为，你该怎么办

职场女性是工作中一道靓丽的风景，是办公室的色彩。如果你漂亮、自信、能干、聪敏，是一名"白骨精"，当然是好事，但如果你的异性上司也因此对你格外地照顾，并频频向你表现出类似爱慕的神情和举动，可能会给你造成不小的困扰。

远了不说，如果男上司总是在工作中给你特殊优待，对你说话格外温和，对你也非常关心，动不动就单独向你邀约的话，别的同事一定会有所察觉，你一定会成为办公室内的绯闻红人。这样不但会影响你的正常工作，还会影响你的人际关系，更给自己造成很大的心理压力。

龙莉雅在一家广告公司做策划推销，她聪明能干，人又漂亮，因此大受顶头上司、策划部经理张跃骅的青睐。

有一次，龙莉雅搞定了一个比较苛刻而又难缠的大客户，谈成了一笔利润可观的广告合约。下午下班的时候，张跃骅找到她说为庆贺她的成功，要请她吃晚饭。

龙莉雅心里被签单的喜悦充满了，也就一扫往日的矜

持,毫不犹豫地答应了。她本来以为还会有其他同事,吃饭的时候,才发现就他们两个人。龙莉雅有点尴尬,但是也没多想。吃饭的时候,两人聊了很多,相谈甚欢。

后来,张跃骅便经常以庆祝龙莉雅的出色表现为借口请她吃饭、打保龄球、跳舞等。有时龙莉雅并不想去,但想想他是自己的上级,又不好意思拒绝。时间长了,同事之间议论纷纷,都说龙莉雅和上司之间有不寻常的关系。这下子,龙莉雅真是跳进黄河也洗不清了。

这样的事情在职场中屡见不鲜,面对男上司的这些带点暧昧的行为,比如单独送你礼物、单独邀你吃饭、跳舞,即使他真的没有非分之想,你也要小心了,因为这往往是以后不寻常关系的前奏。如果你不想因为这些成为公司同事的议论对象,就要想想对策了。

顾冰最近觉得,自己的上司吴主管看自己的眼神有些不一般,平时在工作中也对她多加照顾。顾冰不愿多想,依然不动声色地认真工作。一天,吴主管下班以后给顾冰打了一个电话,说因为前不久的连续加班非常辛苦,请她吃饭。

顾冰不好推辞,就硬着头皮赴约了。路上,顾冰发短信让一起租住的女孩一个小时以后,以男友的身份给自己发一条"催"自己回家的短信,以备不时之需,并把舍友的名字改成了一个男人的名字。

吃饭的时候,吴主管果然向顾冰说了一些暧昧的话语,夸赞顾冰做事能力强,效率高,人长得也漂亮,让人觉得有亲切感,聊了很久还没有要买单走人的意思。

这时,顾冰的手机接到了舍友打来的电话,顾冰接通电话,只听见一个熟悉的男声用非常大的声音说:"小冰

啊！你怎么还不回家？我没带钥匙在门口等了好久了，你赶紧回来啊！"顾冰听出这是舍友的声音，忍住笑，赶紧装样子说："哎呀，你怎么总是忘带钥匙啊！我在和上司吃饭，你等会儿！"

吴主管的表情顿时僵硬了一会儿，但马上就恢复正常了，亲切地问道："是家里人吗？"顾冰装作不好意思地说："是我男朋友，真不好意思，让您见笑了。"这顿饭随即匆匆结束，此后吴主管再也没有对顾冰说过暧昧的话语。

上司是直接关系到你的晋升、收入的关键人物，生硬地拒绝，饭碗可能不保；但是如果一味消极地接受，又会在公司内部造成不好的影响，不利于你的事业发展和同事关系，更会影响你正常的生活和恋爱。

作为下属，你还是要为自己的上司留面子，拒绝的话要说得委婉一些，比如，你可以找借口说，今天身体不舒服，或者已经有了别的约会。如果你实在没有勇气拒绝他的邀请，还可以采取比较"狡猾"的方式：拉上朋友、同事，甚至上司的妻子一起去。再或者，你可以坦诚地和他谈一谈，说说这种交往带给你的烦恼，如果他真的没有非分之想，相信他会理解你，并为你考虑的。如果你的男上司的确是对你产生爱慕之意或者心存不轨，你就应该明确地拒绝对方，不要既失去了工作，又搭上了名誉。

❤ 宴会多多，要学些拒酒的话

女人在酒桌上遇到不胜酒力，却频频遭人劝酒的情况时，一定要巧用说话的技巧，让自己避过饮酒过量的结果。

在酒桌上，拒酒也是有很多学问的，如何能够既不伤和气，又能够逃过"酒精（久经）考验"，女人一定要多学几句拒酒词。

朋友生日、参加婚礼、同事聚餐……现如今的应酬饭局越来越多，为了自己的健康、安全和形象，女人最好不要动辄酩酊大醉。既然酒量长不上去，我们就磨炼一下拒酒的技巧吧！

在拒酒的时候，一定要照顾到双方的交情，可以说"只要感情有，喝什么都是酒"。如果你实在不胜酒力，或者担心一开始喝酒就没完没了，可以以饮料或茶水代替酒，并对对方说："只要咱们感情基础深厚，喝什么都能代表。感情是什么？感情就是理解嘛！理解万岁！"这样对方也不容易再劝你饮酒。

拒酒的时候，女人可以善用自己的性别优势，对男士的劝酒可以说："我不是英雄好汉，实在不胜酒力，你就放过我这个弱女子吧。"实在拒绝不了，就说："你是男士，我是女士，我喝一杯，你喝三杯，怎么样？"只要对方稍微有些绅士风度，都不会再继续灌女士喝酒。

李敏参加一个朋友的婚礼，一个朋友称好久未曾和她相逢，提出要和她痛饮几杯。李敏说："你的厚意我心领了，咱们这么长时间没见确实应该痛饮一番。遗憾的是我最近一段时间身体不适，正在吃药，遵医嘱已经很久都滴酒不沾了，只好请你多关照。好在来日方长，后会有期，日后我一定与你一醉方休。我现在就以茶代酒，可以吗？"此言一出，这个朋友也只好自己喝酒，让李敏以茶代酒了。

有的时候，女人也可以采取李敏这样的说法，创造一

些不以人的意志为转移的"不喝酒条件",这样对方也会体谅你的难处,不再对你敬酒。

对一些"喝得少了就是说明咱们感情不够深"的托词,女人可以说:"只要感情深,能喝多少,喝多少。你也不希望我们的交情里掺着那么多水分吧?我虽然喝少了一点,但是这一点是一滴浓浓的情。点点滴滴都是情嘛!"

有的时候,对方会说"你不喝我敬的酒,就是看不起我,不给我面子",面对这样让人为难的"软威胁",很多女人觉得很难拒绝。在这种情况下,女人可以说:"感谢你对我的一片盛情,我哪会这样驳您的面子。只不过,我原本只有三两酒量,今天因喝得格外称心,我贪了几杯,再喝就'不对劲'了,说不上会出什么事,还望你能体谅。"如此开脱以后,你就再也不要喝了。这种实实在在地说明后果和隐患的拒酒术,善解人意者就会见好就收。

如果对方强让自己喝酒,女人不妨采取折中的方法,稍微喝一点,并对对方说:"为了不伤感情,我喝;为了不伤身体,我喝一点。"这样对方也很难说你不给面子、不看交情了。

参加应酬,如果女人一开始就不想多饮酒,就一定要态度坚决,不能这杯酒婉拒,下一杯酒却推辞不过喝了下去,这样会让人觉得你不能饮酒的理由是借口,还会向你敬酒的。

拒酒是应酬的一个方面,对于不胜酒力、不能饮酒的女人,要想在应酬中既不伤大家的和气,又能避免大量饮酒,只有学会一些有效的方法,才可以得体而又不卑不亢地达到拒绝的目的。

♥ 说"不"时,你可得把握好分寸

对别人说"不",如果表达得巧妙,可以使双方都皆大欢喜;但如果说得不好就会得罪别人。所以在对别人说"不"的时候就要注意分寸,下面有几个小窍门不妨参考一下。

1. 用拖延表示"不"

一位朋友想与你约会,他在电话里问你:"今天晚上8点钟去跳舞,好吗?"你可以回答:"明天再约吧,到时候我给你去电话。"你的同事约你星期天去逛街,你不想去,可以这样回答:"其实我很想去,可自从成了家,星期天就被老公没收啦!"

2. 用推托表示"不"

一位客人希望换个房间,你可以说:"对不起,这得值班经理决定,他现在不在。"你和孩子一块儿上街,孩子看到一件漂亮的衣服,很想买。你可以拍拍衣袋:"糟糕,我忘了带钱包。"有人想找你谈话,你看看表:"对不起,我还要参加一个会,改天行吗?"

3. 用客气表示"不"

当别人送礼品给你,而你又不能接受的情况下,你可以如此客气地回绝:一是说客气话;二是表示受宠若惊,不敢领受;三是强调对方留着它会有更多的用途等。

4. 用外交辞令说"不"

外交官们在遇到他们不想回答或不愿回答的问题时,总爱用一句"无可奉告"来搪塞。生活中,当我们暂时无法

说是与否时,也可用这句话。

还有一些话可以用作搪塞:"天知道。""事实会告诉你的。""这个嘛……难说。"

当你拒绝别人而羞于说"不"的时候,不妨借鉴上述方法吧。但是,在处理重大事务时,则来不得半点含糊,应当明确地说"不"。

下篇 卡耐基写给女人的处世智慧

生活不仅是一门学问，更是一门艺术。全球著名的成功学家卡耐基认为，精致的生活不仅需要宏伟的目标、不畏艰险的勇气以及永不放弃的坚持，更需要一些为人处世的智慧。

作为女人的你，是否注意到你的身边有这样一些成功女性：与你相比，她们的学历并不高，技术并不好，甚至也没有你勤奋，但是她们却取得骄人的成功。这是为什么呢？

其实，成功女人的身上都有一个共同的特点，即她们都具有十分圆通的处世智慧。不管做什么，都能够做到尽善尽美。认真想一下，一个不懂得处世智慧的女性，又怎么会获得成功女神的青睐呢？

随着社会阅历的增长，越来越多女人感觉到处世智慧的重要性，觉得它是左右与影响人生的大事，并且开始认真地研读大师卡耐基的金玉良言，学习卡耐基的处世智慧，并且因此改变了自己的命运。

是啊，在现在这个竞争已经趋于白热化的社会中，不管是在生活中，还是在职场上，只要是与人打交道的地方，处事方式都起着至关重要的作用。会办事，不仅可以轻易地博得他人的好感，而且还能够引起他人的高看。懂得圆滑处世的女人，往往可以争取到更多的机会，可以左右逢源，充分展现自己的才华。唯有这样女人，才能够更好地成就幸福的人生，成为人人羡慕的大赢家。

在教导女人处世智慧上，卡耐基主要从五个方面阐述了他的观点：首先，卡耐基认为，女人应当魅力无限，做个有味道的女人。为此，他为女人讲述了追求时尚、升华女人的魅力、拥有品位、拥有长久的魅力、温柔、女人的魅力本色等方面的智慧；其次，卡耐基觉得，女人应当自信优雅，做个有涵养的女人。为此，他为女人讲述了优雅而有涵养的提升女人涵养的法宝、你的微笑比黄金还贵等方面的智慧；再次，在卡耐基看来，女人应当学会淡定，做个有思想的女人。为此，他为女人讲述了淡定的根源在于内心、人淡如菊、心淡如水、无论得失均保持淡然等方面的智慧；第四，卡耐基教导女人如何玩转职场，做个成熟的女人。为此，他为女人讲述了如鱼得水地混职场、请让你的领导感到被尊重、做个善于协调的女白领等方面的智慧；最后，卡耐基教导女人精通交际，做个受欢迎的女性。为此，他为女人讲述了友善帮助你跨越对方心灵的防线、揭开收获友谊的秘密以及与其指责、不如建议与鼓励等方面的智慧。

　　卡耐基先生通过精炼睿智的语言、贴近生活的哲理以及启迪智慧的故事，为女性展示了处世的智慧，帮助女性发掘个人潜能，潇洒地玩转职场，赢得他人的赞赏与欢迎，开创智慧的人生，享受令人羡慕的成功与幸福快乐的人生。

　　细细品读卡耐基写给女人的处世智慧，你会在日常生活、职场工作、人际关系等各个方面找到自己所欠缺的处世技巧。只要稍加修炼，在为人处世方面，你就能成为众人关注的焦点人物。周围的人会非常高兴地与你进行交往，你再也不会有想办事而找不到办事的人的烦恼，再也不会眼巴巴地羡慕别人的成功，因为你也即将踏入成功的殿堂。

　　想要成为受欢迎的女性，想要收获理想的人生，就让我们慢慢揭开成功女性的神秘面纱，认真学习大师卡耐基写给女人的处世法则吧！积极地研读这些处世智慧，从容地面对生活中的各种际遇，我们的梦想就一定能够成真！

第七章　魅力无限，做个有味道的女人

❤ 追求时尚，升华女人的魅力

生活在时尚之中的现代女性，既不能对时尚无动于衷，也不能做时尚的奴隶，而是根据自己的内在精神需求与性格气质，从时尚中升华而出。

女人应适当追求时尚，让自己的魅力与时俱进。对时尚的追逐、对自然的崇尚，是女性的永恒话题，而漂亮、随意、充满青春活力也应是年轻女性的专利。作为女人，只要你懂得适度，就大胆享受年轻岁月所依附的浪漫情怀，尽情体验充满活力的娇媚吧。

时尚是一种很玄的东西。时尚随时在你身边，你又无力抓住。时尚让你会心会意，却无法追逐，无法制造。但是，时尚告诉你，它并非遥不可及。

也许这种自由多变正是时尚的魅力所在——不无神

秘、无法阐释,又有一点离经叛道,成千上万的人心甘情愿被卷入它魅力的旋涡,深深地沉醉。

时尚的本质是善变与标新立异。这阵子吊带裙,下阵子中性衫;一会儿黑发飘飘,一会儿棕发盘顶,抑或是红发炫目。时尚成了一波一波的潮流,没有完全一样的波峰,它永远不会成为一潭死水。一种时尚被大众追逐时,下一种时尚必定早已在酝酿之中。时尚是个让人说不清、道不明的东西,你不知道它的出处,但你可以自然地说它、叫它、使用它。

不管怎样,时尚也有它的精神风骨,有一种价值观的体现,有智慧、文化、气质、修养。这并不是追求高贵,而是脱离低级趣味,毕竟"历经三代才能真正培育一个贵族"。

时尚生活正在唤起一代人的流行理念,多一些精神理念,时尚就会成为一道通俗味美的精神大餐。

聪明的女性应当学会驾驭时尚,做时尚的主人。为了在纷繁复杂的时尚潮流中升华而出,女性必须把握以下几条重要的原则。

1. 注重时尚的和谐

时尚应当与自己的年龄和谐。时尚具有很强的年龄特征,不同的年龄追求不同的时尚。女性要根据自己的年龄选择适当的时尚服装。青春少女可以用活泼明丽、宽松利落的时尚服装点染自己的朝气,成熟女性应选择风格柔和、稳重的时尚服饰。时尚也应与自己的性格和谐。只有当内在性格与时尚追求和谐一致时,女人的美才能得到充分的体现。所以,女性追求时尚要注意服装款式、色泽、质地都应与个性

吻合,不可一味模仿。此外,还要注意在选择时尚服饰时,应与一定场合的气氛相和谐。在办公室,职业女性头顶耀眼的红发就很不庄重;在教室里,女教师漂亮的手链将使她在学生心中的分量减轻。

2. 抓住时尚的精髓

时尚有其特定的内涵,非经提纯不能窥见其全貌,为此你首先需要做的就是对时尚提纯。要从它的核心入手,将它的实质构成寻找出来,挖掘出来,为己所用。时尚一旦被成功提纯,展现在你面前的是一个超乎寻常的结果,那种清晰与明朗足可使你的思想和行为有一个新的飞跃,让你可以牢牢抓住时尚的精髓,而不必拘泥于太多外在的形式。

时尚的女性应当善于抓住流行色。选用一两种流行色与基本色一起搭配,就能够做到既保持了自我又跟上了时尚。

时尚的女性应当善于用细节点缀自己。选购裘皮大衣、添置羊绒套裙不必考虑流行色,但可以配上流行色的套衫或围巾。甚至一枚别针、一对耳环、一副项链,那上面的一点点流行色彩,都可以使女性整体具有流行特质。

时尚的女性应当善于自己创造流行。比如,在披肩的长直发上用许多夹子夹成另类发式;着一条效仿巴基斯坦风俗的长裤,偏偏配上圆方平底带绊的娃娃鞋,不定期走上街头,身后将会出现不少跟风者……

3. 不做时尚的奴隶

俗话说:"有人创造流行,有人跟从流行。"因为有众多的人迷信流行,才有了大众时尚。

时尚,把不安分的心倾泄成引人注目的新潮,把压抑的情绪化为光怪陆离的冲动。时尚没有对错之分，但是盲目跟从时尚就会陷入误区。

有的女人为了追求时尚，往往不考虑自己的年龄、体形、肤色，甚至盲从一些标新立异的行为，如吸烟、染发和穿另类时装。

为了追赶时尚，她们甚至不惜重金，弄得自己看起来光彩照人，但口袋里的钱越来越少，感觉捉襟见肘，却又欲罢不能，常陷入进退维谷的尴尬境地。

纵观今日的时尚，大多为商业行为所主导。为了使产品受到大众的青睐，商家们将经营策略放到了提升产品价格上。于是，"高附加值"的概念被堂而皇之地推出来，一系列时尚制造行动也频频出现在世人面前。在电视屏幕和报纸杂志的引导下，人们不可避免地会将这些商业运作的结果和时尚画等号。

生活中不乏这样的现象：商家赚到了钱，而女人们则花空了钱袋，弄坏了身体。做时尚的奴隶是可悲的。现代女性要学会观察自己，相信自己具有与众不同之处。如果生活在他人的时尚观念中，你所拥有的只能是茫然和盲从。

避开时髦的陷阱吧！为什么不张扬自己的个性，创造自己的风格呢？只有当你的内涵和外表协调统一时，你才是最美的！

今天的女性生活在时尚之中，当然不可能对时尚无动于衷，时尚与女性并不是对立的，它可以令女性更加富有魅力。聪明的女性不会成为时尚风潮的奴隶，而是根据自己的内在精神需求与性格气质，从纷繁复杂的时尚风潮中升华而出。时尚女性，魅力永恒！

♥ 女人的魅力源于女人的气质

美丽出于天然，而气质却是后天培养的。有许多不美丽的女人因为有独特的气质，总能在人群中卓然挺立。气质是女人一件永恒的化妆品！

气质是指人相对稳定的个性特征、风格及气度。性格开朗、潇洒大方的人，往往表现出一种聪慧的气质；性格内向、温文尔雅的人，多显露出高洁的气质；性格爽直、风格豪放的人，气质多表现为粗犷；性格温和、秀丽端庄，气质则表现为恬静。无论聪慧、高洁，还是粗犷、恬静，都是一种气质美。

一个女人的魅力主要在于其特有的气质，这种气质对同性和异性都有吸引力，这是一种内在的人格魅力。

气质美看似无形，实则有形。它是通过一个人对待生活的态度、个性特征、言谈举止等表现出来的。走路的步态、待人接物的风度，皆属气质。

女人可以凭借自己漂亮的容貌赢得极高的回头率，但真正能让人们为之倾倒的，却是女人那蕴含如诗的美丽气质！

天赋的容颜是一道最容易消逝的风景，无情的岁月也会在那张漂亮的脸上烙下岁月的痕迹，而存留下来的正是生命中最本质的东西——气质！

气质是女人魅力的源泉，就如同山上有了水才会显现出灵气一样，一个女人只要插上了气质的翅膀，就会变得神采飞扬、明眸顾盼、楚楚动人。

一位著名的女士说过:"气质与修养不是名人的专利,它是属于每一个人的。无论你从事何种职业、任何年龄,哪怕你是社会中最普通的一员,你也可以有你独特的气质与修养。"

所以,每一个女人都能够得到气质精灵的宠爱,每一个女人都有机会展现自己独特的魅力。

女人的气质犹如花之魂、水之韵、松之魄,无影无形,很难用语言形容。

气质是一种智慧,它雕琢着一个女人,塑造着一个女人,一个不经意的动作,都会吸引所有人的目光。

气质是一种个性,这种不同的个性经过不断创新,就会拥有与众不同的韵味,成为一个让人一见难忘的人。

气质是一种修养,在城市的喧嚣中,洗练一种超凡脱俗的"宁"与"静"。

气质是上天恩赐的财富,有气质的女人是最幸福的。

有气质的女人就像一本书一样,每次品读都给人不一样的感悟。也许没有引人注目的封面,却依然能令人爱不释手。

有气质的女人如一幅画,令驻足欣赏者深深沉醉于她的万千气韵中。

有气质的女人是一段香,"零落成泥碾作尘,只有香如故"。枯萎老去的是容颜,气质女人的一缕香魂却将永不凋零。

其实,气质的获得并不困难,在日常生活中,读最灵秀的诗,听最美好的音乐,选最精美的杂志,看最优秀的著作;关注一些关于时尚、服饰、配饰方面的信息;平时言谈

举止避免粗俗化；走路时做到抬头挺胸收腹，而穿高跟鞋有助于这一点；主动与那些气质好的人交谈，以她们为镜，向她们学习。

在工作中，保持一种开阔的胸怀，这是生存的需要，更是人生快乐的源泉；女性不仅要让"女人是弱者"的说法改变，还要将女性气质中的恬静、温和、性感等充分发挥出来，处处闪现出女人的迷人气质；女性要拥有一颗宽容和接纳的心，而不是同其他女性打嘴战；个性张扬、自主性强，这是现代女性成功所必备的心理素质，也是现代的另一番风韵，是一个气质女性所应追求和塑造的形象。

女性的内在气质，透出一种由内到外的魅力。对于女性来说，一种传统熏陶出的文化美会更有特点，使气质更加温柔、内敛一点。美女的标准是从内在美开始，具有美好的心灵、高尚的道德、健康的身体、亲切的爱心等，热爱自己的事业、家庭、朋友等，这样才会有美丽的内心世界。

如果你天生丽质，请让高雅的气质升华你的美丽；如果你长得不漂亮，你可以从内而外修炼你独特的气质。只要心底灿烂，就会由内而外散发出恒久迷人的魅力。

♥ 拥有品位，才能拥有长久的魅力

女人的品位是一个女人内涵的外在表现。

一个人的品位，是与其环境、经历、修养、知识分不开的。只有有意识地培养良好的修养，积累丰富的知识，才能有充实的内心世界，才能表现出高尚的思想和高雅的品位。

有品位的女人是善良、机智的，又是成熟、自尊的；而且她知识广博丰富，思想深刻充实，谈吐文雅大方，衣着雅致得体。

有品位的女人乐观向上，而不颓废放纵，待人真诚而不虚伪；举止从容而不轻薄；性情平和而不浮躁；自尊自信，但不狂妄自大；温柔体贴，但不软弱屈从。

有品位的女人会营造一个平静的生活环境，她拥有高雅的爱好和情趣，会用自己的眼睛发现身边的美，并用心去感受。她有丰富多彩的内心世界，不会让无聊、平庸的事情来破坏自己平静的生活，在繁华浮躁的现实中，能让自己的心归于平淡。当然她也有喜怒哀乐、七情六欲，但是她的表达是自然的、适度的。

有品位的女人有独立的思想和人格，绝不会人云亦云、随波逐流。在喧嚣的人群中，她可能会用沉默来表示她不俗的内心。

有品位的女人，就是有内涵、有魅力的女人，就是有女人味的女人。

"品位女人"是绵绵流畅的散文诗。她不低下，不媚雅，只求独自芳香的格调。Decencice（体面、适当）是她们的哲学信条。她们不会在脚趾上涂抹猩红色；不会穿着T恤衫去大剧院听歌剧，不会戴着粗劣的镀金项链招摇过市；不会去大排档充完饥，打着饱嗝用牙签剔牙；不会在迷情的葡萄酒杯前失态；不会在眼花缭乱、令人眩晕的激光灯下放浪形骸……

她们痛恨粗俗，而把气质奉为精神风骨。她们在形神之中给人制造第六感觉，这种感觉如一瓶名贵香水，无形中发散出芳香……

她们时时都有适合风情的浓度。当她成为恋人时，她多情妩媚；当她成为妻子时，她温柔细腻；当她成为母亲时，她宽宏博大，能成为一把伞、一棵树；当她容颜渐老时，虽然风韵犹存，但毕竟经历了太多的人生沧桑，风情变得醇厚、浓重。

她们不求性感，但求格调；不追逐高档服饰，永远不会成为物质的奴隶；她们在拥有与失去之间平衡自己，懂得享受人生，也会创造自己的财富。

她们不尖刻，内心柔软但又自信。她们没有怨恨，没有悲哀，更没有寂寞。爱，让她们充盈而有力量，让她们双眸含情更含笑。她们明白自己的力量所在、魅力所在和快乐所在。她们优雅的情怀与宽容的气度浑然一体，互相辉映……

每个女人都渴望成为一个有品位的人，因为真正的品位，会使终日蒙尘的生活闪闪发亮。执着于品位的女人是热爱生活的人，追寻有品位生活的女人，绝对是优雅与别致的女人。

品位的培养其实并不复杂，每一个注重细节打造的女人，都有机会成为有品位女人。

一瓶花、一杯茶、一首歌……都可以在无形中烘托出一个品位女人。

插花是品位女人的必修课。把大自然的绿色和鲜花带回家，通过自己动手和布置，可以调剂生活、陶冶情操。在安静的房间里，让自己平静，看着摊开一桌的香艳花草，赏心悦目，为平凡的都市生活增加典雅的意味。

音乐是品位女人应具备的艺术素养。在假日悠闲的午后，沏一壶绿茶，闭上眼睛，走入音乐的世界。想象自己正漫步在斜阳下的山坡上，沐浴着清香的微风；或是静坐在斜阳西照的花园里，回想往事……经典音乐，使女人如醍醐灌顶，一切烦躁都变得云淡风轻。

茶道让品位女人心灵更安静。好茶一壶，能让女人的心更加宁静，散发柔美内涵和女人独有的味道。在纯净之余，还会领悟到其他的一些东西。闲暇之余，泡一壶好茶，约二三知己，一盏香茗，促膝清谈，只谈风月，无关名利，享受这滚滚红尘里片刻的柔软时光。

读书让品位女人更充实。腹有诗书的女人，香气扑面而来，令人迷醉。经典的书籍能让你洞察世事的通透。你的文字使你与众不同，在你的身上呈现出一种高雅，一种"可远观而不可亵玩"的清冽。腹有诗书的女人，历久弥新，回味悠长。

厨艺让品位女人更幸福。系上漂亮围裙，挽起缕缕长发，走进清淡雅致的厨房，切丝削片，快炒慢炖之间打点出曼妙美味，或是煲一个好汤，与心爱的人一起分享，又何尝不是女人的另一种韵味呢？为了爱，倾尽手艺，烧一桌好菜，更能使女人赢尽爱人的心。

装扮让品位女人更美丽。可可·夏奈尔说："永远要以最得体的打扮出门，因为，也许就在你转弯的墙角，你会遇到今生至爱的人。"这可以理解为女人装扮的最高境界：不能放过每个细节，一秒钟都不能懈怠。装扮是女人的第二语言，哪怕不交谈，它也一目了然地告诉别人，你的职业、品位、个人气质和文化层次。所以，即使是周末的午后，在

阳台的躺椅上小憩，也要穿上最雅致的便服。

旅行让品位女人更悠闲。对于女人来说，旅行是漫无目的地的行走，直到遇到好风景、好人情，再也迈不开步伐。女人的旅行没有计划，没有日程，走到哪里都是欣喜。在日复一日的工作里，心情快要发霉，放下手头不管多重要的文件，走出去，享受艳阳天，晾晒自己发霉的、潮湿的心情。在山野的风里自在地呼吸，你会发现世界的美丽。

蒂娜是一家知名房产集团的副总裁，同时，她也是一个拥有绝佳品位的女人，这不仅体现在她的穿着打扮和言谈举止上。

几年前，她到一个破产拍卖的机械厂考察。开车进了厂区，她大为震惊，到处都是高大的树木，月光下，风吹着树叶沙沙作响，宛如一片城市中的森林。蒂娜在那一瞬间找到了感觉。

这个美妙的地方迎合了太多她一直以来追求的东西。尽管她大学学的是"电气自动化"专业，却对艺术和文化情有独钟；然后这种爱好转移到建筑上，她便爱上了建筑的美学元素，包括它对自然和环境和谐的要求。

多年来，蒂娜喜欢到世界各地旅游，尤其喜欢当地富有特色的建筑艺术。她跑了很多国家，如欧洲各国、日本、新加坡等，每次都带回几千张照片资料。一次在西班牙巴塞罗那，一座非常漂亮的建筑让她如虔诚的教徒一般，步行了三个小时才走到跟前，她待了很久，拍下了很多照片。在她眼中，每一座建筑、每一个楼盘都有自己的优势，都有值得学习的地方。不过，她不是生搬硬套，而是取其精华，吸收消化，然后再融入本地的居住文化和建筑特点加以创新。

因此，当她第一眼看到那个绿树葱茏的妙处时，内心更多涌动的是一种渴望创造的冲动和激情。蒂娜决定把这个破旧的花园式工厂彻底改造成一个低密度、高品质、50％原生态绿化覆盖率的大型艺术生态居住小区。

这个小区的点睛之笔，将是那些看起来毫无用途的破旧厂房和废旧机器。她请12名国内外知名艺术家以工厂原有的机器设备、生产的产品零部件为原料开始创作，尽力使之成为园林的一部分。

她又吸收了先进的楼盘设计理念，在新建的森林都市社区中，每四层都辟出一个公共平台，面积有200平方米左右，放一点绿化和桌椅，可供住户们下棋或聊天，很是惬意。她还别出心裁地将阳台的一半做成伸展出去的菱形，视野更开阔，也拉进了与自然的距离。

为了保护散在性生长的树木，她邀来美国某知名大学景观设计系主任做技术指导，再请来园林工人，将这些大树进行全冠移植。大树保住了，森林都市也名副其实。

造房挖出的土，也被她像宝贝一样保存起来，而且还专门安排了两个人每天浇水。土里有很多珍贵的树种和草籽，要让新建小区充满自然的野趣，就必须保护好它。在破旧的篮球场南侧，小山一样的土堆已经长满了不知名的野花和狗尾巴草。

这就是蒂娜的品位。她不会跟风去做什么楼市概念，而是在复杂细节中融合历史文化和现代技术，使自己的房子既有极高的品质，也凸显出大气的现代风格。

人们常说，做人要有气质，做事要有风格。作为一个女人，也要有自己的特色。纯真的气质洋溢着女性深邃的内

涵，高雅的风采闪烁着女性赏心悦目的亮光，这就是"女人的品位"。就像蒂娜以独到的品位创造了自己事业的辉煌。

女人的品位是真挚的博爱和慈善的宽容。女人的品位是浓郁的书香和美的诗韵。有品位的女人大都有广泛的兴趣爱好、深厚的人文素养、渊博的知识积淀。她们像一部百科全书，有探索不尽的无穷宝藏，却无丝毫酸腐的陋习俗气。她们举手投足之间都挥洒出艺术的才能、淑女的风范。女人的品位是恬静的心灵和清淡的情怀。有品位的女人不在乎人生的功利，更注重幸福的内涵。她们是贤妻良母，她们让自己时时保持一份平和的心情，随遇而安，不强求身外之物，不愤世嫉俗，面对物质的诱惑、世俗的刺激，待之安然。她们在人生崎岖的旅途中，学会自我安慰，自我松绑，自我释放，自我陶冶。她们时而徐然缓行，时而静立池边，时而低头漫想，时而凝神远望，让内心回归自我，让心灵更趋完美。

女人的品位是画，女人的品位是诗，女人的品位是乐曲。一个女人有了高尚的人格，她的品位必然高雅清新，焕发青春活力，生活必定多姿多彩，充满阳光。

女人的品位，是时间打不败的美丽。

♥ 有内涵的女人，才更具魅力

女人可以不美丽，但不能没有内涵。内涵能赋予美丽以灵魂，内涵能使美丽长驻，内涵能使美丽得到质的升华。

历史告诉我们：女人和男人一样，是个大写的"人"。为了做大写的人，女人在实现自我、展示自我。女人是一道美丽的风景，如花、如诗，装点着所栖身的每一个角落。女人如迎春花，天真烂漫，情窦初开；女人如玫瑰花，艳丽照人，光芒四射；女人如牡丹花，雍容华贵，国色天香；女人如芙蓉花，美丽端庄，妩媚可人；女人如腊梅花，一生奉献，铸造温馨；女人如雪莲花，慈祥可亲，德高望重……

正是因为有了如花的女人，才有了缤纷多姿的色彩；正是有了如诗的女人，才有了丰富多彩的幻想。

女人如花，花如女人。如花的女人需要的是内涵，上天赐予女人美丽的容貌，妖娆的体态，但决定女人是善良、平和、公道、浪漫、温柔，还是丑恶、自私、毒辣、无知的，应该是文化思想和内涵品质。美丽的女人是一道风景，令人赏心悦目、流连忘返。但美貌毕竟是外在的东西，花容月貌的女子倘若出口成"脏"，倘若举止粗俗，倘若尖酸刻薄，倘若狭隘无知，便只会令其光鲜的外表顿时黯然失色，再美的外表没有深厚的内涵作依托，也只是"金玉其外，败絮其中"，令人遗憾。

与之相反，一个拥有无穷内在魅力的女人，善良、温柔、优雅、大方……纵使外表平凡如常人，却总会令人刮目相看。这样的女人也会因此变得可爱、生动。在他人的眼中，有内涵的女人美得更脱俗、更恒久。

有一部电影，片中女主角是个相貌普通的女人，但她爱上了英俊潇洒、富有才干的顶头上司。虽然她的勤奋工作和善良的为人让上司很有好感，但她心中明白无法赢得如此优秀男人的爱情。

在一次大型酒会前夕，她对着镜中那个一身灰色装扮

的女子叹了口气,决定不去参加。在那种场合,有太多美艳如花的佳丽,她这个丑小鸭怎能忍受心上人被别人吸引的痛苦。于是她垂下头,在心中许下一个愿望,只要能变美,哪怕一个晚上,也心甘情愿。

正在这时奇怪的事情发生了,化妆间的灯光突然熄灭,几秒钟后灯光再亮起时,她发现面前多了一双水晶鞋。她小心地换上那双鞋,望着镜中的自己,立刻惊呆了。那绝对是个美艳的女人,长发垂肩、明眸皓齿、纤腰一握……她欣赏了许久,等她再脱下水晶鞋,又变回了卷发凌乱、戴副黑框眼镜的自己。她明白过来,感到莫名的欣喜。

她穿着这双水晶鞋,在第一时间吸引到上司的注意,他惊艳的目光让她又高兴又心虚。然而往后的日子让她变得越来越不安,白天她是那个朴实、可爱的"丑小鸭",晚上却要变成高贵的"白雪公主"与心中的王子约会。她觉得这种人格分裂的生活是一种折磨,何况,对他也并不公平。如果被他知道这一切是个骗局,会有多恼火。

随着时间的推移,她了解到他并不像她想象中那么浅薄,他为人正直、诚恳,胸襟宽广。他甚至常在"公主"面前盛赞"丑小鸭"的善良温柔,他固然与所有男人一样,在美色面前容易动心,但他同样在乎爱人是否有一颗真诚善良的心。他对办公室里的"丑小鸭"越来越温柔、呵护,真真假假,令她意乱情迷,实在无法继续扮演两个不同的角色。

终于有一天,她以本来面目来到约会地点,将真相和盘托出,她相信一切美丽的幻想将烟消云散,她将永远地失去眼前的这个男人。然而他却露出恍然大悟的表情,说难怪和"公主"在一起时,总有似曾相识的感觉,甚至产生过错觉,把她们当成一个人。

他握住她的手,深情地说:其实她变成什么样都无所谓,一直以来他喜欢的正是她给自己的那种宁静、温馨的感觉。

她完全不敢相信听到的一切,她觉得自己是那么幸运,从此,她不用再依赖那双神奇的水晶鞋,就能够留住爱人的心了。于是,她将水晶鞋从包里取出来,将它们抛进了深深的湖水中……

当然,神奇的水晶鞋并不存在,温馨浪漫的电影故事告诉我们,与外表美相比,内在美更深刻、更真实。内涵是女人魅力之本,保有真诚善良的心,比孜孜不倦地追求外表艳丽动人更有价值。

外表美的女人除了容貌光彩照人,就什么都没有了。当她们的秀色黯淡憔悴下去之后,就会让人感到单调和厌倦。

而有内涵的女人,就像一本有着朴素而高贵文字的书,和表面的那种视觉之美有着本质的区别。只要细细地阅读,就会感到她的优秀和可爱。不管岁月怎样流逝,纸张怎样古旧,都不会削弱她内在的魅力,它们源自于她生命的内部,源源不断、绵绵不绝。

她聪明博学。才女的冰雪聪明、玲珑剔透令人折服,她知识广博,天文地理、科技人文,信手拈来,绝不会令你感到琐碎无聊。

她修饰得当,有独到的品位。她没有绝佳的姿色,可看上去赏心悦目。她不追求潮流,却能独具匠心穿出个人品位。她能传达出内心的成熟与丰富,像一杯醇厚的葡萄酒,

令人微醺。

她言语风趣,收放自如。她很懂得语言的艺术,从不会在观点不一时将自己的意见强加于人。她会轻松地化解无聊的玩笑,她还会以委婉的方式暗示对方"此种话题不受欢迎"。

她热爱生活。她应有极强的"保鲜"能力,岁月与生活的琐碎无法在她的心灵烙下痕迹,她善于发现生活中的美与辉煌,借以冲破无边无际的黑暗,重获新生。

她善待自己。在任何时候都不会伤害自己,情场失意、事业受阻只会带给她短暂的失意低落,她不会因此而堕落或放纵。她爱惜自己,知道良好的健康状况对现代人的重要。她积极地参与运动以保持自己良好的身材,她不会吝惜花在保养自己容貌及身体上的金钱与时间。

她很有思想。拥有丰富知识和敏锐洞察力的她常有与众不同的想法与观点,她不会随声附和、人云亦云,即使是面对顶头上司,她也能礼貌地陈述自己的不同意见。

她健康、亮丽、神采飞扬;她成熟、自信、秀外慧中;她款款而来,举手投足之间,散发出一种只可意会不可言喻的韵味。

她就像一杯清香的茉莉花茶,令人意味深远,回味无穷。

她是春天的柳枝,外表温柔,内心坚强。她是海天中的沙鸥,一飞冲天。她执着于自我风格的体现,无论是工作、生活都自信、自尊,追求完美。她爱自己,更爱他人。她是春天的雨水,润物细无声;她是秋天的和风,轻拂你的脸庞。她以女性的特有情怀,放开胸襟去拥抱整个世界。有内涵的女子是天上的彩霞,一抹微笑、一个眼神、一句睿智的话,都值得你回味、心醉。《简·爱》为我们塑造了一个拥有丰富内涵的知性女子,她的自尊和对光明、圣洁、美好的追求,打动了成千上万的读者。

简·爱从小父母双亡、在寄人篱下的环境下承受着与同龄人不一样的待遇,姨妈的嫌弃,表姐的蔑视,表哥的侮辱和毒打……正是因为这一切,造就了简·爱无限的信心和坚强不屈的性格,这是一种不可战胜的内在人格力量。在罗切斯特的面前,她从不因为地位低贱而感到自卑,反而认为他们是平等的,不应该因为她是仆人,而不能受到别人的尊重。正因为她的正直、高尚、纯洁,使罗切斯特深深地爱上了她。他的真心,让她感动,她接受了他。而当他们结婚的那一天,简·爱知道了罗切斯特已有妻子时,她觉得自己必须离开,她这样讲:"我要遵从上帝颁发世人认可的法律,我要坚守住我在清醒时而不是像现在这样疯狂时所接受的原则,我要牢牢守住这个立场。"

这是简·爱告诉罗切斯特她必须离开的理由,但是简·爱意识到自己受到了欺骗,自尊心受到了戏弄,但她承受住了,而且作出了一个非常理性的决定。在这样一种强大的爱情力量的包围之下,在美好、富裕的生活的诱惑之下,她依然要坚持自己的尊严,这是简·爱最具有精神魅力的地方。

简·爱的形象影响了一代又一代人,她那纤弱的身躯里竟然蕴藏着如此巨大的能量,内心如此高贵,内涵如此丰富,表现出强大的生命力和人格魅力,时光流转,魅力不减。

充实你的内涵，似乎是一句华而不实的话。因为内涵本身就没有固定的标准，它只是个人的某种素质，属于个人身上的一种很内在的东西。

但内涵有时又很具体，小到面试时的镇定自若、不卑不亢，大到外交谈判上的谈笑风生、据理力争，内涵又似乎在我们生活中的每一件小事上都能体现出来。

那么，怎样才能提高你的内涵呢？

要想充实内涵，有一些比较简单的方法，比如运动、读书等。一般而言，运动比较能够锻炼一个人坚忍的品质与专一的意志。经常运动使人心胸开阔、性情开朗，如果是团体性的运动，则更加容易培养人的团队合作精神。而读书是充实内涵的最普遍、最简单的方式。在工作繁忙之余，让自己进入知识的世界，与前贤交谈，你学的不仅是知识，更重要的是学到了一些做人的基本道理与准则。

其实，只要培养起一门业余爱好，无论是跳芭蕾，还是唱卡拉OK，或是其他的什么，只要是有益身心的事，都可能在潜移默化中对你内涵的养成产生影响。

但内涵的养成并非一朝一夕的事，而是一种潜移默化的作用。行动起来吧，让你的业余生活更丰富，让自己更多地感悟人生、感受生活，做一个内外双修的女人。

❤ 温柔，女人的魅力本色

温柔的女人，是微笑的天使。温柔的女人，是美丽的永恒！

阴柔之美是女性美的最基本特征，其核心是温柔，温柔像春风细雨,像娇莺啼柳,像舒卷的云,像皎洁的月,更像荡漾的水。女性之美,美就美在"似水柔情"。

抛开容貌体肤不说,单就可爱女人的气质情致而论,那千种娇媚、万般风情,谁又能说得尽呢?

作为女人,你尽可以潇洒、聪慧、干练、足智多谋、文韬武略,但有一点不能少——温柔。

"温柔"这两个字很自然地和关心、同情、体贴、宽容、细语柔声联系着。温柔有一种无形的力量,能把一切愤怒、误解、仇恨、冤屈、报复融化掉。在温柔面前,那些吵闹吼叫、斤斤计较、强词夺理、得理不饶人,都显得那么可笑可怜。

女人,最能打动人的就是这温柔。温柔像一只纤纤细手,知冷知热,知轻知重。只这么一抚摸,受伤的灵魂就愈合了,昏睡的青春就醒来了,痛苦的呻吟就变成甜蜜幸福的鼾声了。

温柔是女人特有的武器,哪个男人不愿意被这样的武器击倒?温柔缓缓地、轻轻地放射出来,飘到你的身旁,扩展、弥漫,将你围拢、包裹、熏醉。

温柔的女人是一座园林。假山怪石,枯树古藤,小桥流水,九曲十八弯,小径通幽,让人心境平和,心明气闲,流连忘返,怡然自得。

温柔的女人是一首诗。绵绵的诗意缓缓地轻轻地弥散,令人心醉,让人感到一阵轻松,让人产生很深的归属感。

温柔的女人是一块磁铁。只要走近她的磁场,就会不知不觉被吸引,想躲也躲不开。

温柔的女人是深刻的,是生命本体的自然散发,而不是生硬的表演,是生命内在的爱与善,历久不衰,相伴永远。

春风是温柔的,但是它能在厚厚的冰面上划出一道道裂痕;流水是温柔的,但是石头最尖锐的棱角也会被它悄无声息地慢慢磨平。不管女人为了证明自己的坚强、独立而怎样去否认温柔这柔弱的字眼,它依然流淌在女性的血液里。

温柔是一种智慧。平平常常的日子,温柔的女人总能过得有滋有味。

温柔是一种境界。它能折射出一个人的兴趣情调、品质修养。女性的温柔是民族遗风、文化修养、性格培养三者共同凝练所致。一个女人,善于在纷繁琐事、忙忙碌碌中温柔,善于在轻松自由、欢乐幸福中温柔,善于在柳暗花明时温柔,善于在关切和疼爱中温柔,善于在负担和创造中温柔,更善于填补温柔,置换温柔,这是走向成功的不可轻视的艺术。

温柔如风,可拂去心绪上的烦恼与忧愁;温柔似雨,可滋润心田上的干涸与浮尘;温柔像虹,能映照自暴自弃者重新扬帆的锦绣前程;温柔也似利剑,剽悍粗犷的人会在这利剑前垂下高傲的头颅。

温柔是女性独有的特点,也是女性的宝贵财富。如果你希望自己更完美、更妩媚、更有魅力,你就应当保持或挖掘自己身上作为女性所具有的温柔禀赋。

你应该努力变得通情达理,这是女性温柔的最好体现。待人以宽,为人谦让,凡事多为人着想,别让人难堪。

你应该努力变得更加细致周到。那份适时的细心关怀和体贴比什么衣着打扮都更能让人心动。

你应该努力达到"以柔克刚"的境界。不要遇到不顺心的事就火冒三丈，风度全失，或者失声痛哭，无力把持。温柔女人应笑对人生，永远安详美丽。

你应该努力变得更有见识。知识能够充盈你的头脑，丰富你的内涵，更能使温柔的你散发由内而外的光彩。

你应该努力变得更大方。不小气，不嫉妒，不讲闲话，不闹脾气，不耍小性子，那些不成熟的小女孩做派不应属于一个温柔的你。

最后，请记住：温柔绝不等于软弱。娇滴滴、嗲声嗲气、小女孩腔、乱撒娇这些刻意的东西与温柔无关，除了能吸引一些肤浅的男子，只会被大多数人看成惺惺作态。这样的女人一遇到问题，就希图耍一把"假"温柔，博取别人的同情，而自己却欠缺处理问题的能力，软弱得可怜。

真正温柔如水的女子不喜欢张扬，她有更多的时间、更大的自我空间装下这一腔柔情；她心细如发，心思缜密，本能保护自己的意识很强；她不是太过火热激情的人，开始也许不易相处，但她善良的心和优雅的言行举止足以为她带来更多的知己；她爱读书、懂艺术，志趣高雅，内心丰富而饱满；她一旦动了真情便不会随风摇摆，总会用真心和细心去体贴自己的爱人。

世上绝少会有哪个男人喜欢女人的蛮、野、悍、泼、粗、俗。女性的似水柔情，对男性来说，既是一种迷人的美，也是一种可以被其征服的力量。一位诗人说："女性向男性进攻，'温柔'常常是最有效的常规武器。"女人的温柔包含了很多很多，善解人意，宽容忍让，谦和恭敬，温文尔雅。不仅有纤细、温顺、含蓄等方面的表现，也有缠绵、深沉、纯情、热烈等方面的流露。有的女人无限温存，像牝鹿一般；有的女人像一道淙淙的流泉，通体内外都充满着柔情……总之，女人的柔情各式各样，都像绚烂的鲜花，沁人心脾、醉人心肺。

真正的好女人，应该是爱的使者，温柔的化身，暗香长留，幽美温馨。

温柔的女人，是微笑的天使；温柔的女人，是美丽的永恒！

♥ 自尊自爱的女人才美丽

"人一生可以说共诞生过两次：第一次是为生命而诞生，第二次则是为生活而诞生。第一次的自尊自爱是相对于自然生命的，而第二次的自尊自爱则是相对于人的社会生命。只有第一次自尊自爱的人是不可能放出人性的光辉的。人诞生两次才能算是一个完整意义上的人，而自尊自爱也只有发生两次才能发展成为一个真正统一的、完美的人生。"

这段话深刻地揭示了人生的真谛。女士们，我想你们都想得到别人的尊重和爱，这是每一个有思维的人都渴望的。然而，很多女士在追求这种尊重和爱的时候往往忽略了一个非常重要的前提，那就是自尊自爱。

以前，卡耐基在密苏里州居住的时候，他们镇上有个非常有名的女孩，大家都叫她"疯丫头"卡拉。听人说，卡拉是个非常漂亮的女孩子，只可惜卡耐基从来没见过。卡耐基从别人那里听说卡拉是个性格豪爽、不拘小节的姑娘。虽然那时的卡耐基心智还不算成熟,但他听得出来那句话里含有讽刺的意思。

曾经有人这么说过:"这个小镇人杰地灵,出过很多优秀的男孩。可是,如果你没有做过卡拉的男朋友,你就永远算不上真正优秀的男孩。"据说,卡拉交的男朋友可以组建一个小的公司,而且这些人个个都很出色。卡拉对待感情从来没有认真过,因为在她看来,恋爱不过是场游戏罢了。她和每一个男朋友相处都不会超过3个月。当感到厌烦的时候,她就会马上寻找一个新的目标。就这样,卡拉浑浑噩噩地度过了自己的青春时期。

当卡拉到了谈婚论嫁的年龄,居然没有人愿意娶她。他们告诉卡拉,她只适合当情人,而不适合当妻子。因为没有人会愿意娶一个不自爱的、没有尊严的女人。他们之所以疯狂地追求卡拉,不过是想寻找一下新鲜感和刺激罢了。至于结婚,他们和卡拉一样,根本就没有考虑过。

后来,卡耐基回到了老家密苏里。他从他儿时的朋友那了解到卡拉因为自己的原因,没有人愿意娶她。没办法,她只好嫁了个又穷又丑的男人。那个男人是个十足的恶棍,吸毒、赌博而且还酗酒。后来,男人为了满足自己的需要,居然逼卡拉去做妓女。当卡拉反抗时,那个男人居然说:"少在这里装清高,谁不知道你的老底?其实,你早就已经成为大家公认的妓女了。"卡拉虽然很伤心,但是她别无选择,因为她也要生存。这一切能怪谁呢?只能怪卡拉自己。

是的,这一切能怪谁呢?在现实生活里,女士们必须养成自尊自爱的习惯。道理很简单,因为只有懂得自尊自爱的女人,在生活中才能树立起自信,才能自强不息。同时,

只有懂得自尊自爱的女人,才能得到别人的尊重和爱。有一次,卡耐基的一位女学员来找他,希望他能够帮助她教育孩子。卡耐基对她说:"对不起,女士,我并不是这方面的专家。如果你有需要,我可以给你介绍一位专门研究儿童教育的朋友。"那位女士并没有听他的劝告,还是希望卡耐基能帮她。没办法,他只好答应了。

那位女士对卡耐基说:"我真不知道我的小杰克是怎么了?他居然会做出那种事,他今年才不过12岁。你知道,卡耐基先生,小孩子总是会犯错误的,因此挨批评也是难免的。可当我批评杰克时,他居然顶嘴说:'你没有资格批评我,你是个无耻的、没有尊严的人。我没有你这样的母亲,我为你而感到羞耻。'天啊,这是一个孩子应该说的吗?我一定是做错了什么,要不上帝为什么会这样惩罚我?"

当时卡耐基也很好奇,因为他不知道为什么孩子会这样对待他的妈妈。于是,卡耐基让这位女士把她的孩子带到了自己家。经过卡耐基的一番努力,那位名叫杰克的孩子终于开口了。他对卡耐基说:"我恨我的妈妈,因为她没有尊严。我妈妈很势利,见到有钱有权的人就想去巴结。有一次,我亲眼看见她把一个男人领回家,并向他大献殷勤。那个男人很正直,没有答应我妈妈,还说我妈妈不知自爱。后来我才知道,那个男人是爸爸公司的经理,妈妈那么做是想让他升爸爸的职。虽然我在心里很清楚,妈妈这么做是为了整个家,但我还是不能原谅她。后来,我爸爸被他们的经理解雇了,因为经理认为这一切都是我爸爸一手策划的。还有很多很多事,我妈妈的做法太令我失望了,我无法容忍一个不知自尊自爱的女人做我的母亲。"

女士们，也许你们的心灵已经被杰克的话震撼了。是的，就连一个小孩子也对不知自尊自爱的人抱有鄙视的态度，更不要说一个成年人了。女士们，希望你们能做到自尊自爱，只有这样才会拥有快乐的人生。

自爱代表着自己爱自己，对自己好一点，从而将自己的生活变得美好、精彩，而且还很有品质和品位。对于一个女人来说，只有懂得了自爱，才能真正懂得如何去爱别人。

此外，女士们在社会中生活一定要有一种"平等"的心态。这种平等意味着两者之间在地位上、感情上没有高低贵贱之分，而创造平等的来源就是自尊。如果为了得到某些东西，哪怕是爱，而放弃自己最起码的做人尊严的话，那么你的人格也就荡然无存了。更加可怕的是，这种人格的尊严一旦失去了，就再也不可能找回来。

琳达在一次舞会上认识了罗杰。她对罗杰一见钟情，两人的感情发展很快，在认识的第一天晚上就同居了。在开始的那段时间，琳达和罗杰过了一段甜蜜的生活。

然而，好景不长，琳达发现罗杰有事情瞒着她。最后她才得知，原来罗杰已经是个有家室的人了。很多人劝琳达离开罗杰，可琳达根本听不进去。她认为自己和罗杰是真心相爱的。后来，罗杰找到琳达，提出分手。但此时的琳达陷得太深，根本无法自拔。不管罗杰怎么打骂她，琳达就是不同意。最后，罗杰告诉她，只要她能够拿出10万美元，他就愿意和妻子离婚。为了"幸福"，琳达四处借钱，终于凑够了10万美元。然而，罗杰在拿到钱以后就远走高飞了。

临走前，罗杰留下了一张字条，上面写道："这一切

的结果都是你自己造成的。我认识你的时候,我和太太的感情很不好,而且已经决定离婚。本来,我还以为你是我的第二次真爱,可是当时我们才认识一天,你就和我同居,这让我感到你是一个轻薄放荡的女人。还有不管我怎么辱骂你,你从来都没有反抗过,甚至还愿意筹集那10万元钱。这一切让我觉得你是一个没有自尊的女人。一个没有自尊且不自爱的女人有什么资格得到一个男人的爱?你不过是一个玩偶而已。"

琳达为自己的行为付出了代价,而且是非常惨痛的代价。在最后,还有一点要提醒女士们,那就是自尊自爱并不等于傲慢无理、目空一切。所谓的自尊和自爱是指既尊重和爱自己,也尊重和爱别人。自尊自爱的目的是不让自己受太大的委屈,也不让自己放弃做人的尊严。

第八章 自信优雅,做个有涵养的女人

♥ 优雅而有涵养的女人最受欢迎

谁都不喜欢粗俗的女孩,不管你长得多么漂亮,你的能力多么强,也不管对方是男人还是女人。我们要想受人青睐,讨人喜欢,就一定要远离粗俗,做一个优雅、有涵养的女人。

有一天,当卡耐基上完课之后,一位年轻的女学员对他说:"卡耐基先生,你说男人最喜欢什么样的女孩呢?"可以看出,她正在谈恋爱,所以希望给个答案。但是卡耐基没法给她一个准确的答案,因为不同的男士,审美观是不一样的。

于是卡耐基对她说:"真抱歉,我实在没办法回答你这个问题,因为不同的男士会喜欢不同类型的女孩。不过,我却知道哪类女孩最让男人讨厌,那就是粗俗、言谈举止不文雅的女孩。所以,你们一定要远离粗俗,因为粗俗很可能

毁掉你的一生。"

各位女士,这不是危言耸听。你们想一想,谁会喜欢一个邋邋遢遢的女孩呢?虽然时代在变,但在人们心中最为美好的,还是那些文雅、有涵养的女孩。

维拉是一个乡村女孩。她没有上过大学,很早就跟着父亲做生意。在她22岁的时候,她在镇子里开了一家杂货店,生意非常好。但没有一个男孩喜欢她,这让维拉很伤心。

后来,她的一位朋友给她介绍了一个叫沃里的男孩。但是沃里只和她交往了一段时间就不愿意和她交往了。沃里对别人说:"维拉虽然很能干,长相也不错。但是我受不了她大大咧咧地和别人说话,头发、衣服也总是乱糟糟的样子。这样的女孩做我的女朋友,会让我感觉很没面子。"

各位女士,维拉找不到心爱的人就是因为她的言谈举止不得体,少了女性应有的气质。的确,每个男人都希望自己的女朋友举止优雅,是一个淑女。如果你的女朋友是一个举止粗俗的女孩,你也会觉得很没面子。

当然,各位女士,我们远离粗俗不只是为了找到一个优秀的男朋友,而是为了我们自己。毕竟,我们的言行都会影响到自己在别人心中的形象。此外,粗俗还会对你的事业产生消极的影响。下面这个例子就说明了这些。

在数年前,卡耐基在费城开了一个专门讲授如何与他人相处的培训班。一天,卡耐基正在办公室备课,一个年轻女子急匆匆地走了进来。她还没等卡耐基问话,就坐在他面前,大声说:"你是卡耐基先生吗?希望你能帮帮我。"

卡耐基点了点头说:"我是卡耐基,请问您有什么事？"

那个女孩非常苦恼地说："卡耐基先生，我刚刚大学毕业，但是没有一家公司肯雇用我，我现在简直烦恼死了。"在女孩说话的时候，卡耐基发现她在举止方面有很多不妥之处。她坐着的时候把椅子翘了起来，还把左腿放在了右腿上，并且抖个不停。尤其让人难以接受的是，她还用左手挖了一下耳朵。

等这位女孩说完后，卡耐基问她："你认为自己为什么找不到工作呢？"

她大大咧咧地说："我也不知道啊，无论是长相方面还是学习方面，我比别的女孩都不差，但是这些公司为什么不肯要我呢？……卡耐基先生，您这是在做什么，您不觉得这有些不得体吗？"

原来卡耐基在她说话的时候也有意挖了一下耳朵，并且把脚放到了办公桌上。等她说完了，卡耐基说："您说的没错，这样做确实有些不得体，甚至让人觉得非常讨厌。不过，我刚才这些可都是学你的啊！"听卡耐基这么说，她有些惭愧，低着头说："卡耐基先生，谢谢你指点我，我知道该怎么做了。"

后来，她在礼仪培训班上了两个月的课。等她学完后，她轻松地在一家大公司找到了一份体面的工作。

各位女士，上面的例子告诉我们没有人喜欢粗俗的女孩，不管你长得多么漂亮，能力多么强，也不管对方是男人还是女人。所以，我们要想受人青睐、讨人喜欢，就要远离粗俗，做一个优雅、有涵养的女人。

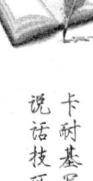

♥ 自信，提升女人涵养的法宝

在几年前，卡耐基采访了女模卡罗琳。当时卡罗琳只有18岁，但她是当时最炙手可热的女模特，很多服装公司都想让她做代言人。当然，她的薪酬也是非常高的，出席一场活动要500美元，这在当时可不是一个小数目。

像卡罗琳这样优秀的女模特，给人的印象应该是非常漂亮才对。但是当卡耐基和她近距离接触的时候，发现她的相貌很平常，至少有很多女模特比她要出众。这让卡耐基非常奇怪，这样一个长相很平常的女孩怎会成为如此炙手的模特呢？为什么那些比她更漂亮的女孩没有她出名呢？于是在采访的时候，卡耐基向她提出了这个疑问。

卡罗琳笑了笑，对我说："卡耐基先生，这个问题很多人都问过我。的确，如果单论相貌以及身体条件，很多女模特都比我优秀。不过我却有一个她们都比不上的优点，那就是我对自己充满了自信。卡耐基先生，你不觉得有自信的女孩才最有魅力吗？如果一个女孩连自己都不相信，她即使再漂亮，人们也不会欣赏她。"

卡罗琳说得没错，具有自信的女孩才最有魅力。当她走在舞台上的时候，是那样的精神饱满，完全把女性的魅力展现出来了。但是，反观其他一些模特，却缺乏自信心，所以走在舞台上的时候，她们完全少了一份精神气。

其实人生也是一个舞台，而且是一个大舞台，有自信的女士才最能展现自己的魅力，获得他人的青睐。所以，各位女士，你们一定要培养自己的自信心，让自己的女性魅力完全展现出来。

在卡耐基开设的培训班里，有一名叫凯莉的女士。她刚刚大学毕业，想在一家大公司谋得一份秘书的工作。大家都知道，很多大公司的女秘书都要做一些公关性的工作，这需要一个有魅力的女性才能胜任。凯莉女士的长相不错，工作能力也非常强，但是她去了很多大公司面试都没有被录取，最后她找到卡耐基，希望他能帮帮她。

和凯莉女士交流之后，卡耐基发现，她是一个没有自信的人。当和陌生人交流的时候，她会变得非常紧张，连说话都慌乱起来。作为一名公关人员这样肯定是不行的。于是，卡耐基告诉她："凯莉女士，你要对自己充满信心，不要再怀疑自己的能力，其实你是非常优秀的。"在接下来的日子，他让她在课堂上演讲，并且给她很多鼓励。

慢慢地，凯莉女士建立起了自己的自信心，当她和陌生人交谈的时候，她不再神情慌乱了，而是非常从容，充满了女性的温柔，非常打动人心。很快，她就在一家大公司找到了一份合适的工作。

也许有的女性朋友会说："卡耐基先生，我怎样才能建立起自己的自信心呢？我也希望做一个有自信的女人，但是一直都做不到。"其实做一个有自信的女人并不是很难，秘诀就是接受自己，无论是优点还是缺点。

在现实生活中，很多女士总是太注意自己的缺点并盯着自己的缺点不放，最后这些缺点被无限放大，就慢慢失掉了自信心。所以，各位女士，你们应该完整地接受自己，无论是优点还是缺点。当你能够客观地对待自己的优点和缺点的时候，你就不会自卑了，也不会怀疑自己了。

♥ 你的微笑比黄金还贵

微笑不仅能够增添你的魅力,还能赢得他人的青睐。因为微笑能够传达一种善意,能够让人感到愉悦。所以,我们愿意接近喜欢微笑的人。

卡耐基在纽约参加了一位贵妇人的宴会。因为这位贵妇人刚刚继承了一大笔遗产。她为这次宴会花了很多心思,她不仅花费了很多钱为大家准备了丰盛的晚餐,还为自己买了貂皮大衣、钻石和珠宝。但遗憾的是她并没有给大家留下好的印象。这是为什么呢?因为她的脸上没有一丝微笑,一直是冷冰冰的。她可能永远都不会明白,女人的微笑,要比穿着打扮重要得多。

各位女士们应该看过达·芬奇的名画《蒙娜丽莎的微笑》吧!我们都被画中女子矜持的微笑所打动。她的微笑太迷人了,能够给人一种愉悦、舒心的感觉。

微笑的力量是非常神奇的,它能够增添你的魅力,从而赢得他人的青睐。斯瓦伯曾经对卡耐基说过,他的微笑可以抵得上100万美元。他说的没错,他最大的人格魅力就是常常以微笑示人,让人感到一种愉悦的心情。正因为如此,他的人际关系非常好,这也是他取得事业成功的主要原因。

为什么常常微笑的人受欢迎呢?因为微笑能够传达一种善意,能够使人感到快乐。所以,我们喜欢微笑的人。

在卡耐基的培训课上,他让大家每天对别人微笑一小时。一个月后,一位女学员给他写了一封信,认为自己发生了很大的变化。她的情况只不过是数百人中的代表。

下面，就是她写给卡耐基的那封信。

卡耐基先生：

自从我接受了您的培训，感觉自己发生了很大的变化。我真的感谢您，因为您让我明白了微笑的力量。

我已经结婚15年了，在这期间，我很少对我的丈夫微笑。您知道，我是一个不喜欢微笑的人，脾气又不好，可以说，我是百老汇街上脾气最坏的人。

一个月前，您告诉我们，要对每个人时刻保持微笑。于是，我就试了一个星期。第二天早晨，我照着镜子努力挤出一个微笑，并尽量让这个微笑挂在脸上。没想到我丈夫看到我的微笑后竟非常愉快地说："亲爱的，你今天早上看起来很高兴啊。"那一天，我们度过了一个愉快的早晨。他还说我微笑的时候最可爱。

从那以后，我对每个人都微笑：在办公室的时候，我对同事微笑；在电梯里，我对开电梯的人微笑并问声"早"；在顾客面前，我也时刻把微笑挂在脸上。

卡耐基先生，您知道我获得了怎样的回报吗？后来我发现，所有的人开始喜欢我，并且也对我微笑。这让我感觉到微笑会给我带来很多财富，让我每天都过得很开心。前些天，经理还给我加了薪，让我做了她的助理。她对我说："让你做我的助手是因为你喜欢微笑。"卡耐基先生，您看，这就是微笑带给我的好处。

从上面的例子我们可以看出，微笑带给我们的好处。它可以让一个人过得快乐舒心，还可以让一个人更受欢迎。所以，各位女士，在生活中你们要时刻保持微笑，用不了多久，你就会发现自己发生了很多变化。

另外，当别人生你气的时候，你同样可以用微笑来化解对方的怒气。你若不信，可以看看下面这个例子。

卡耐基坐飞机去华盛顿，在飞机上遇到了这样一件事：飞机起飞前，一位先生叫空姐给他倒杯水。空姐很礼貌地说："抱歉先生，为了安全起见，我必须等飞机飞行平稳后才能倒给你。"

可是这位空姐却将这件事给忘记了，飞机起飞后半个小时，她也没给这位先生倒水。这位先生脾气也很不好，于是他把那位空姐叫过来，怒不可遏地说："你们就这样对待顾客吗？我要投诉你！"这个空姐赶紧微笑着说："先生，真的抱歉，这都是因为我的疏忽造成的。"

这位先生还是不停地数落着这位空姐。但是这位空姐始终保持着微笑，最终这位先生被她的微笑打动了，心中也没有了怒气。最后，他不仅没有投诉这位空姐，还在留言簿上写下了表扬她的话呢！

各位女士，微笑的力量是不是很神奇？著名广告人弗莱契曾写过一篇叫作《圣诞一笑》的文章，文中向我们展示了微笑的益处。他是这样写的：微笑不花费什么，但是它却能产出很多；微笑可以让受者获益，给者不损；微笑发生在一瞬间，却可以永远留在记忆中；微笑可以产生快乐，让疲倦者休息，让失望者获得阳光，让忧虑者消除痛苦……弗莱契说得没错，微笑给人带来非常多的好处。所以，各位女士，你们一定要把微笑常常挂在脸上，这无论是对自己，还是对他人，都是一件好事情。

❤ 与脸蛋相比，气质更重要

气质是一种人格魅力，是一种内在的东西，它比外表更重要。外表的美是短暂的，它会随着时间的变化而消逝，但气质的美是不受年龄以及服饰限制的。一个人的气质是可以培养的，我们完全可以通过自己的后天努力而成为一个有气质、有涵养的优雅女人。

我们都知道，每一位女士都希望自己能够得到异性的称赞以及同性的羡慕。但是怎样才能做到这些呢？答案非常简单，那就是锻炼自己的气质，让自己成为一个有气质、有涵养的女人。

在很多女士的心目中，都认为那些拥有漂亮脸蛋的女孩才是最可爱、最吸引人的，其实这样想是不对的。我们见过很多的女孩，她们看起来长得非常漂亮，但是却并不是那么吸引人。这是为什么呢？原因很简单，就是她们缺少了一种气质，给人一种肤浅的感觉。

气质是一种人格魅力，是一种内在的东西，所以，它比外表更重要。更何况外表的美是短暂的，它会随着时间的变化而消逝，但是气质给人的美是不受年纪以及服饰限制的。下面，让我们来看看考斯夫人的例子就会明白这个道理了。

考斯夫人今年30岁，是一家保险公司的高级讲师。她没有上过大学，只有高中学历。至于她的长相，也实在难以让人恭维。她矮矮的个子，皮肤有些黑，而且脸上还长了一些雀斑。从她的相貌看起来，她实在不像一位高级讲师。

在开始的时候,就连人际关系学大师卡耐基也持有一种怀疑的态度,但是自从听过她的一堂课后,卡耐基不仅消除了疑虑,而且对她非常佩服。在讲课的时候,她的举手投足都展现出了一种吸引人的魅力,让人产生一种美感。卡耐基发现,大家在听课的时候都非常认真,完全被她的气质所打动。

后来,那家保险公司的经理对卡耐基说:"戴尔,考斯夫人是我们公司最好的讲师,虽然她长得不漂亮,但是她有一种吸引人的气质。无论在哪里,她都能给人一种亲和力,从而引起他人的注意。也正是因为具有了这种气质,她总能打动来听课的人。"

再后来,卡耐基和考斯夫人成为好朋友,在聊天的时候他们也聊到了这个话题。考斯夫人说:"戴尔,在开始的时候我也很在乎自己的相貌,认为自己是一个丑女人,并且变得非常自卑。但是一个人的相貌是天生的,是我们不能掌握的,我即使多么在意,也无法改变它。后来,我不再关注自己的长相,而是着重培养自己的气质。慢慢地,我发现自己受人欢迎了,朋友也更多了。戴尔,我现在想明白了——美丽的外表对于一个女人来说犹如一只漂亮的花瓶,如果瓶子里面装的都是污水烂泥的话,马上就会让人大倒胃口。相反,即使这个瓶子很普通,但是如果里面装的是美酒的话,也一定能够让人陶醉。"

各位女士,听过考斯夫人的话,你们是不是很有感触呢?的确,一个人的长相是天生的,不管我们多么在意,也不能改变它。但是一个人的气质是可以培养的,我们完全可以通过自己的后天努力而成为一个有气质、有涵养的优雅女人。

也许有的女性朋友会说，只有那些贵夫人才能培养自己的气质，我只是一位家庭妇女，哪能成为一位有气质、有格调的女人呢？其实这种想法是不对的，只要你愿意，完全可以通过自己的努力，成为有格调、有气质的女人。

那么，怎样才能培养自己的气质呢？

首先，我们要改变自己的心态以及对待生活的态度。各位女士，不知道你们是否注意到了，那些有气质、有格调的女人都是有理想和追求的，并且非常热爱生活；而那些意志消沉、内心空虚的女人是谈不上气质美的。所以，你们要想改变自己的气质，首先就要改变自己的心态以及对待生活的态度。

其次，我们要改变自己的言谈举止，让自己更有涵养。各位女士，气质之美看似无形，其实是有形的，它可以通过一个人的言谈举止表现出来。你走路的姿态、说话的语气、待人接物的风格……这些都属于气质。所以在和别人交往的时候，我们一定要注意自己的一言一行，从而让自己显得更有风度和格调。

最后，我们要完善自己的性格。气质美还体现在一个人的性格上。一个心地善良、待人诚恳的女人，自然会产生一种亲和力，让人愿意亲近她，和她做朋友；而一个脾气暴躁、行事虚伪的女人，会令人厌恶，从而使人对她避而远之。所以，各位女士，你们一定要完善自己的性格，从而为自己的气质平添风采。

♥ 学会着装，学会打扮

合适的衣着打扮可以让你容光焕发，更加漂亮迷人。不过，有一点就是要保持仪表得体的原则。不要只在意它们是不是名牌，而要考虑是不是适合自己。有些衣服和化妆品如果不适合我们，会起到相反的作用。

各位女士，在前面的章节，我们一直在强调气质及内涵的重要性，并且认为它们比外表更重要。不过，各位女士要注意，气质和内涵固然重要，但仪表也同样重要。从某种程度上说，一个人的气质和内涵就是通过仪表反映出来的，穿什么样的衣服，戴什么样的手表，化什么样的妆，都直接反映出你的情趣和品位。

赫伯特·沃里兰是美国铁路董事局的局长，在一次演讲中，他说过这样一句话："恰当的衣着对于一个人的成功是非常重要的。当然，如果你没有真才实学，是不可能通过一件漂亮的衣服而找到一份好工作的；但是如果你不注意自己的衣着，无论你有多么高的工作能力，公司的人事经理很可能一下子就否定你。所以，如果我身上有50美元，我会用40美元给自己买一身合适的衣服，再用剩下的钱买剃须刀、领带之类的东西。你们一定要记住，千万不要把50美元装在口袋里，穿着一身破破烂烂的衣服去面试。"

赫伯特·沃里兰说得非常有道理。一个人的穿着和她的工作能力虽然没有什么关系，但是人事经理在招聘员工的时候，首先要看他的衣着打扮。各位女士，如果你是一个公司的人事经理，你也不会聘用一个不修边幅、邋邋遢遢的员工的。

对于女性来说，个人仪表更加重要。一个会打扮会着衣的女士更容易获得大家的好感。相反，如果一个女士穿着打扮不合理，大家都会厌恶她，对她敬而远之。因此在人们的心目中，女性就应该是穿戴得漂漂亮亮的。

心理学家史密斯曾经说过："女人常常把自己的幸福和美丽寄托在一件漂亮的裙子上。"的确，合适的衣着打扮可以让你容光焕发，更加漂亮迷人。有一点就是保持仪表得体的原则。有些女士在选择衣服以及化妆品的时候，只在意它们是不是名牌，而不考虑它们是不是适合自己。这样是不对的，有些衣服和化妆品虽然很有名，但是如果不适合我们，还会起到相反的作用。

各位女士，你们都知道英国著名的"花花公子"布鲁麦斯吧，他在买衣服的时候只看价钱，从来不考虑是不是适合自己。他的每件衣服都在3000美元以上，但是当他穿着这些衣服去参加宴会的时候，不仅没有吸引大家的目光，反而成了笑柄。所以，各位女士，你们在购买衣服以及化妆品的时候一定要以"合适"为原则，否则，多花了钱，也起不到好的效果。

另外，我建议女士们多穿朴素的衣服，化一些淡妆。其实朴素的衣着打扮也是很吸引人的。在市面上，有很多物美价廉的衣服可供大家选择，它们不仅便宜，而且穿起来非常合身。各位女士，你们不要认为这样会很"寒酸"，因为适合自己的衣着打扮才是最好的。

很多女士都问过卡耐基："卡耐基先生，你说过适合自己的衣着打扮才是最好的，那么，我们怎样做才能达到要求呢？"真的抱歉，这个问题很难给出一个准确的答案，因

为不同的人适合不同的服饰。不过，以下倒是给各位女士提出的一些建议，供大家参考：

第一，不要盲目追随别人，买衣服前先试穿，并悉心听取别人的意见；

第二，学会服饰的搭配，并且懂一些色彩的知识；

第三，买衣服或化妆品的时候，一定要考虑到自己的年龄，因为不同的年龄有不同的需求；

第四，不一定要化浓妆，要根据自己的需要来选择眉笔和口红；

第五，注意护理自己的手指甲和脚指甲；

第六，在穿衣或化妆的时候，一定要突出自己的优点。

各位女士，卡耐基的这些建议不一定有用，但是，只要你们留心自己的衣着打扮，就一定可以让自己魅力四射，成为大家瞩目的女人。

❤ 做个知礼晓仪的女人

亲爱的女性朋友们，要想做一个有魅力的女人，除了重视衣着打扮外，还要做到知礼晓仪。所以，一个懂礼仪的女性，会得到大家的尊敬和青睐；而一个常常失礼的女性，会让大家望而却步。

卡耐基曾参加了一个好朋友举办的一个隆重的宴会。他是政界的要员，所以，参加宴会的人大多是一些有身份有地位的人。

在这次宴会中，一位年轻漂亮的女士上身穿了一件吊带衬衫，下身穿了一件超短裙，这样的打扮吸引了所有人的目光。之所以这么说，是因为在参加这种比较隆重的宴会的时候，我们应该穿戴得比较正式才对。但是那位女士却显得"与众不同"，结果大家都用一种异样的眼神来看她。

不仅如此，她在宴会上喝得酩酊大醉，拿着食物四处乱走，凡是遇到年轻的男士，都要和对方喝上一杯。而且她非常开放，有好几次，她在喝酒的时候倒在了男士的怀里，让那个男士面露难色，非常尴尬。后来，她竟然在宴会上呕吐起来。一些好心人劝她到后面休息，可她就是不肯，在宴会上呕吐了半个小时，使大家都皱起了眉头。到了最后，在场的所有人都被她搅扰得没了兴致。

各位女士，上面提到的这位女士能赢得大家的青睐吗？当然不会了，因为她完全不懂得宴会的礼仪，让自己在宴会上颜面尽失。

所以，各位女士，要想做有魅力的女人，除了重视自己的衣着打扮外，还要做到知晓礼仪。所以懂礼仪的女性，会得到大家的尊敬和青睐；而常常失礼的女性，会让大家望而却步。

礼仪是一套隐性的华服，它不着痕迹地折射出女性的素质，并展现出女性的内在修养。知礼晓仪的女士不仅让人尊敬，还会提升自身的气韵、潜能以及精神状态，从而让自己魅力四射，轻易获得他人的青睐。

那么，如何做到知礼晓仪呢？

要想做到知礼晓仪，就要在日常礼仪中注意细节，力求尽善尽美。比如，在和他人说话的时候，要和蔼亲切；再

比如,参加宴会的时候,不论是衣着还是言谈举止,都要符合宴会的礼节。可以说,这些礼节是琐碎的,方方面面都要涉及,大家在平时应多看与礼仪相关的书籍。

此外,要成为知礼晓仪的女人,还要约束自己的行为,时时刻刻都严格要求自己。例如,在和朋友看歌剧的时候,即使你很想和朋友说几句话,也要约束自己,不做出失礼的事情。这样,虽然给自己带来了一些不便,但是却可以赢得别人的尊敬。

各位女士,礼仪是完美人际关系的基础,它会让女人变得更成熟、更精致、更优雅。所以,我们一定要做知礼晓仪的女人,让自己时时刻刻都充满魅力,从而赢得别人的尊敬。

第九章 学会淡定，做个有思想的女人

♥ 淡定的根源在于内心

生活中，很多女人认为淡定就是本身要有耀眼的光辉，站在人群中就能引起瞩目的光彩，因而，她们总是在刻意追逐着外在的与众不同，甚至是另类的举止行为。其实，真正淡定是一种内化的优雅，一种内心的强大，处处散发着由内而外的自信。

淡定的女人，不一定很漂亮，不一定很懂打扮，也不一定是随时随地都能与人侃侃而谈。但她们却可以让你静下来，这就是淡定的女人独特的魅力。淡定的女人必定是令人舒服的，就像一道光，明亮但不刺眼，照亮了你，温暖了你。

著名学者于丹曾说：一个人的自信来自哪里？它来自一个人内心的淡定和坦然，要做到内心强大，一个前提是看

轻身外之物的得与失。患得患失的人,不会有开阔的心胸,不会有坦然的心境,也不会有真正的勇敢。淡定的女人必定是自信的、勇敢的、坚强的。淡定的心态像是指路的灯塔,明亮而不刺眼,指引前进的脚步。

胡茵梦20岁以《云深不知处》而惊艳天下,名动优伶。这样集美貌与才气于一身的女子本来可以同饰演《窗外》的林青霞一样在影坛上大放奇彩,可惜的是,她与李敖短暂的婚姻闹剧后离奇转变,从繁华走向落寞,从追求外在的虚荣华贵而进入探索内在的真实自性。

胡茵梦,从演员跨越成为作家、学者,她的文字、自身曾经都是争议的焦点。她似乎永远无法摆脱美女和戏子的噩梦。可多少年过来,她并没有被争议和失败的婚姻打垮。

集美丽气质与才华于一身的胡茵梦,近20年致力于引进世界心理学丛书,并洞悉事物真相,不断地努力追寻。她自称拥有灵媒般的特殊体质,敏感度颇高,视成长、灵修与自疗为人生中最重要的事。

她翻译的印度著名哲学家克里希那穆提的著作《爱的觉醒》,正在成为知性女人的热宠。胡茵梦的唯一座右铭就是:平常心。即便过尽千帆也始终可以感受幸福。如此淡定大气的女人怎么不令人动容?

如今,胡茵梦身上有着一种"热情的投入与冷静的觉知"的特质。多彩的经历带来的是广阔的视角,她除了翻译与写作之外,还热心于环保公益活动、心灵成长的团体建设、教育的省思等。这种内在探索过程已经将她的美丽、才华、智性融为一体。由于身心完美的交融,使她成为当代为数不多的奇女子之一。

淡定，是一种明亮而不刺眼的光辉，一种圆润而不腻耳的声音，一种不再需要对别人察言观色的从容，一种停止向四周诉苦的大气，一种不理会哄闹的微笑。淡定从容的女人会给人一种从容不迫的气质和强大的气场。我们应该学会淡定，不要有一点委屈就抱怨，不要看不惯一些人的行为就表现出自己内心的反感。个性激烈的女人们，请收拢起你那张扬的表情和嘹亮尖脆的笑声，淡定地看周围的一切吧。

让我们做一个像冬天的太阳般的女人，温暖而不炙热，宽容而淡然，无论风霜雨雪，都用自己暖暖的笑容包容一切。现今的社会，对女人的要求很高，女人要生活、感情、事业各方面全能，但又不能风头盖过男人，要做一束光，要明亮但还不能刺眼，真能做到的女人着实不易。这就要求我们要保持一种轻松平和的心态，正确地看待自己，宽容待人，努力与周围的环境保持和谐。

有一个贸易公司，不仅事务繁杂而且节奏快。很多人越忙越乱，打电话也急吼吼的，常常忙中出错。李姐是公司的老员工，为人温和，人缘极好，工作业绩也做得最好。再急的事到她手里也是不紧不慢的，每次打电话都是有条不紊，难得的是极少出错。

有新员工向李姐请教经验，李姐说："其实很简单，我的秘诀是要业绩但不伤和气！要知道，我的业绩是建立在良好的人际关系之上的，如果我过于张扬和高调，势必引起他人的妒忌或者伤害了对方。所以，我在追求自己精彩人生的同时，也不能让这种光辉刺伤了他人的眼睛。"

一个女人如果能够保持轻松平和的心态，不被物欲束缚住心灵，不被狭隘遮挡住视野，妥善处理人际关系，就能

实现自己的人生价值。女人需要一颗淡定的心,坦然地去面对繁重的工作。当看到人生悲喜、幽怨时,都可以化作一份淡淡的心情。然后,和风细雨、心平气和地面对一切。做一道明亮而不刺眼的光辉,照亮身边的人,又不会灼伤别人,做温暖的光,做温暖、淡定的女人。

人淡如菊,心淡如水

女人的一生注定要经历许多阶段,每个人生阶段都有独特的风景,每段岁月都会给人不同的感受。可进入中年的女性,会感觉自己一下从躁动中宁静下来了,不经意间就有了种坐看云卷云舒、心境如水的超然。

淡定的女人不仅是在遇到大事时表现出的临危不惧和镇定自若,更表现在生活中的时时豁达、事事淡然,只有这样才是真正的平和淡定。真正的淡定,表现在荣辱之外、名利之外、诱惑之外。淡然的心态,能够在物欲横流的滚滚红尘中,看清纷扰,洞察世事,谢绝繁华,回归简朴,达到"人淡如菊,心淡如水"的境界。

有两个不如意的年轻人,一起去拜望一位禅师:"师父,我们在办公室被欺负,太痛苦了,求您开示,我们是不是该辞掉工作?"禅师闭着眼睛,隔半天,吐出五个字:"不过一碗饭。"就挥手示意年轻人退下。回到公司,一个人递上辞呈,回家种田,另一个却没动。

10年后,回家种田的,成了农业专家;留在公司里的,后来成为了经理。

有一天两个人相遇了。农业专家问另一个人:"奇怪！师父给我们同样'不过一碗饭'这五个字，我一听就懂了，不过一碗饭嘛！日子有什么难过？何必硬扒着公司？所以辞职。那么，你当时为什么没听师父的话呢？"

"我听了啊！"那经理笑道："师父说'不过一碗饭'，多受气、多受累，我只要想'不过为了混碗饭吃'，老板说什么是什么，少赌气、少计较，就成了！师父不是这个意思吗？"

两个人又去拜望禅师，禅师已经很老了，仍然闭着眼睛，隔半天，答了五个字："不过一念间。"然后，挥挥手……

没有一样东西是可以完完全全、真真正正抓住的，无论是物，还是人。因此我们只有放下过高的期望和过多的执念，顺其自然地享受生命，"不以物喜，不以己悲"，平平实实地处世，这样才能做到心淡如水。

女人，性格好更重要。人们常说性格决定一切，当一个女人做到淡定大气，她一定是优雅的、充满魅力的。

从容淡定的女人总是微笑着面对困难。她们不为日常琐事而忧心，不为生活的压力而焦虑，不为一时的荣辱得失而坐立不安。得意时，她们告诉自己胜不骄，继续走好未来的路；失意时，她们暗暗鼓励自己，不要太在意过去的，一起向前看；挫折时，她们告诫自己重新振作，适应新的变化。人生的事，不必事事在意，时时忧心。以一颗平常心对待，心淡如水，这是最好的处世态度。

现代社会女人要工作、要生活、要照顾家，对于女人的要求高了很多，于是很多人迷茫了，面对如此浮躁的世界，女人该如何生存下去？

有个女人觉得生活不易，烦躁时遇到一位礼佛者。

礼佛者告诉她说："看淡世事，船到桥头自然直。"

女人问道："前路难测，世事多变，我该如何自处？"

礼佛者回答说："一切随遇而安。"

女人又问："女人压力何其大，工作要不输给男人，生活上还要照顾家庭。当世事、情感、工作压力一并压在我的头上时，我该怎么办呢？我不是出家人，做不到看淡一切。"

礼佛者说："你觉得做不到，是因为你不够淡定。看透了，也就淡定了；淡定了，也许就看透了。"

的确，当我们遇到困难或挫折的时候，如果让自己平静淡定下来，给自己一个冷静思考的空间，也许我们能够换个角度看待问题，并从中找出突破点。其实，生活和工作是苦是乐，往往在一念间。你若淡定，也许就会想到好的解决办法。

淡定意味着冷静地看待事情。淡定意味着在大多数时候应该保持好心态，谦虚谨慎，戒骄戒躁。人生是不断修炼的过程，我们要学会摒弃无谓的烦恼和杂念，在不断的思索中体悟淡定的真谛。

淡定的女人不苛求，也不盲从，从容地享受着内心的宁静。从容的女人在生活中会处之泰然，不会太过兴奋而忘乎所以，也不会太过悲伤而痛不欲生。

"淡极始知花更艳，愁多焉得玉无痕"。正因为淡雅至极，所以才更显娇艳！女人的一生，淡到极致的美丽，是淡定而从容！

都市中浮躁的女性朋友们要学会让自己沉淀下来，做一个淡定的女人，如秋叶般静美，像丁香那样淡雅。携一份宁静，带一种从容，淡然地来，淡然地去，活得简单而有滋味，只要留下的是一缕馨香。

❤ 无论得失，均保持淡然

女人，平心静气、静静的时候最美。平和的心态带来高雅的气质，生气只会破坏女人的形象，与其声嘶力竭，不如莞尔一笑，明天还未到来，急什么。人生得意淡然，失忆也淡然。

心态淡定、睿智的女人会时时倾听自己的内心，诚实地面对自己真实的感受和欲念，明确地知道自己想要的，不曲意承欢，不委曲求全。她们知道只有这样爱自己，才能体会到爱的真实意义，才有能力去爱别人。

生命给了你什么磨难，也必然会回馈你什么，不要着急，在等待的过程中学会爱自己。当女人开始爱自己，就开始体会到生命的真谛了，这时的女人便不再苛求，更不轻易妥协。告诉自己：自信些，勇敢些，让思想和血液流动得更快一些。有计划、有步骤地去做自己，活出自己的本色，做个淡定、勇敢的女人。淡定、勇敢的女人是美丽的，空谷幽兰，暗香浮动。这个社会变化太多，我们不要让自己的心也变得慌乱，懂得保持内心平和的女人，就像闹市中的一间静谧的茶馆，让人忍不住想歇足休息。

提起赵雅芝，大家都不陌生。她在银幕上塑造的一个个经典角色令人印象深刻。她是几个时代人们心中的女神，引领多个时代的标杆。赵雅芝华贵端庄、优雅脱俗，美貌影响了几代人的审美观。她被誉为"古典第一美女、最能代表中国美的美女"。

很多人上学时候就喜欢收集她的海报贴画，喜欢她塑造的白娘子，喜欢她演绎的冯程程，喜欢她诠释的姚木兰。无论是着古典，还是穿现代，赵雅芝都漂亮得近乎完美。她的演技，她的芳华，她的美貌已成为不老传奇。

她的一颦一笑令人着迷，她是高贵优雅的代名词，她是华人女明星中的奇葩。古装第一美，古今皆相宜。白娘子深入人心，冯程程风靡一时。到如今，贤妻良母、相夫教子，风韵犹存。

一个女人，能在事业上取得如此高的成绩，应该是前呼后拥、艳光四射的。但在赵雅芝身上，永远看不到大牌明星的架子，她永远是那么谦和淡然，她那种独有的气质，与其他的明星比起来，少了一份俗气，多了一份雅气，几十年过后，她依然还是那样温婉动人，也许，心态是最好的美容秘方。

对于自己的事业，她说从来都只当作一份工作，当作自己的兴趣，把它做好。在她心里，家庭才最重要，亲人永远是第一位的。好妈妈、好太太和好演员，她在角色转换间游刃有余。在演艺圈里，像她这样家庭事业两不误，双丰收的，堪称是稀有了。

无论何时看到赵雅芝，她都是那么淡然平和。赵雅芝就像是一幅水墨画，淡淡的，独有的韵味令人着迷。女人，就应该像赵雅芝这样吧，平和温婉，淡定大气，家庭事业两不误。赵雅芝堪称女性的典范。

女人一生，应该追求淡雅之美，淡名，淡利，无争，无夺。一切自然，一切淡定，任它风吹雨打，坚守自己心中的净土，像一盏无味而至味的茶。淡雅，女人之所求。淡雅，女人之所愿！

女人要学会爱自己，只有一直妥善地保护自己内心的纯净，才能抵抗过多的诱惑和堕落。这样女人才能做到将真诚、纯洁、干净的爱赋予自己所爱的人，同时也才能保证自己的家庭和事业都向着好的方向发展，这才是真正的幸福。女人用三分之一的心思去爱一个男人，用另外三分之一的心思去爱世界和生活本身，再用那剩下的三分之一的心思来爱自己。只有这样做的女人，才不会辜负自己的一生，才能用平静淡定的心情去享受生活。

平和的女人，要求的不是那么多，不会动辄嫉妒别人的富贵和幸运，不会因为追求物质就给自己不断施压，虽然同样感慨社会多变、人生无常，平和的女人却懂得守住内心的一点淡泊。林语堂说："人生譬如一出滑稽剧。有时还是做一个旁观者，静观而微笑，胜如自身参与一分子。"这种平和淡然的心态值得女人去学习。平和静远，也就人生淡雅；尘世闲情，总寄花开云动。

人生的乐园里有的不应是金钱、权力、身份、地位，而应是自由、欢愉、悠然和乐观。最美的人生应有最美的思想，最美的思想里有一种就叫闲适与豁然。平静，淡定，不骄不躁，不争不抢，安安静静地享受生命。当我们学会宽容、隐忍、不争，内心自然平静祥和。没有纷争的内心才是最强大的内心，蕴含淡定、低调的生活才是最真实的生活。得意不忘形，失意仍淡然，天下大智莫若不争，放淡悲苦从

容应对，静心体味生之芳华。

三毛说人生如茶，第一道苦似生命，第二道甜如爱情，第三道淡如清风。一杯清茶，三味一生，人生犹如茶一样，或浓烈或清淡，都要去细细地品味。人生在世，成败得失，高低荣辱，都是人生的滋味。

女人如品味过这诸般滋味，即能体会人生乐趣，然后心态沉稳了，淡定了，明白了云水随缘且自在。女人容易对爱情深陷其中，来来往往，浮浮沉沉，失了淡定平和的心，殊不知爱可以不纠结，执子之手，在平淡的流年里守候幸福，一份淡泊，一份宁静，深入细致地品味漫漫人生，从容生活，享受那平实朴实的幸福，让灵魂在大地上诗意地栖居，浮生若茶香，繁华落尽也笑对。

❤ 每天都要保持积极的心态

淡定的女人一定是心向朝阳地生活，积极、主动地面对生命中的每一天。拥有一个明媚的心态对女人来说很重要。有了积极的生活态度，才能发现生活中的善和美，才能乐观地对待生活中的人和事。只有乐观积极，才能发现生活的美好，努力做一个乐天之女。

一个乐观的女人，无论面对怎样的艰难，都始终笑对人生，始终坦然、淡然地看待一切，因为她们坚信明天一定是美好的。乐观，对凡事都乐而观之、乐而视之，乐观的人，对人生、对世事都有所感悟。

狄更斯说："一个健全的心态比一百种智慧更有力量。"好的心态成就人，坏的心态毁灭人。心态好坏，影响个人、家庭，甚至影响社会。女人，应该努力培养自己的好心态，做一个积极乐观的乐天之女。

对于一个女人而言，拥有积极的、乐观的、充满阳光的、健康的心态会使我们的生活充满明媚的阳光。乐观积极的人，无论处于何种境地，无论遇到何种境况，他们始终能够以阳光的心态看待事物、看待世界、看待身边的一切。在乐天之女的眼里，生活处处是美好，生活处处有希望。

有个女人叫米歇尔，她长相一般，身材一般，学历一般，工作也一般，没什么特长，也没什么容易引起别人注意的地方。但是她很乐观，凡事都会往好的方面想，她的朋友因此都非常喜欢她，因为跟她在一起就会觉得充满希望。

有人问她："假如你一个朋友也没有，你还会乐观吗？"

米歇尔回答说："当然，我会想，幸亏我没有的是朋友，而不是我自己。"

"假如你正在走路，一不小心掉进一个泥坑，成了一个脏兮兮的泥人，你还会乐观吗？"

"当然，我会想，幸亏掉进的是一个泥坑，而不是粪坑或者别的什么更脏的坑。"

"假如你回家路上被人抢劫，你还会乐观吗？"

"当然，我会想，幸亏只是抢我的东西，没有打我或者伤害我。"

"假如你在拔牙时，医生错拔了你的好牙而留下了患牙，你还会乐观吗？"

"当然，我会高兴地想，幸亏他错拔的只是一颗牙，而不是我满口的好牙。"

"假如你正在睡觉，忽然来了一个人，在你面前用特别难听的声音唱歌，你还会乐观吗？"

"当然，我会高兴地想，幸亏在这里号叫着的是一个人，而不是一群人或一群鸭子。"

乐观的女人是悟透了人生的人，明白人生苦短，人生不易，不再怨天尤人，不再说三道四，不再愤世嫉俗，不再盲目攀比与虚荣地追逐，不再指责和怨恨任何人。乐观的女人是心智完整的女人，她们能够心气平和地面对一切人和事，知道生活中每一个问题的出现都有其合理性，不再为遇到问题而烦忧，只是针对问题寻找出更多更好的解决办法。

罗曼·罗兰说："一个人如能让自己经常维持像孩子一般纯洁的心灵，用乐观的心情做事，用善良的心肠待人，光明坦白，他的人生一定比别人快乐得多。"乐观的女人是内心充满了爱的人，爱自然万物，爱大千世界，爱所有生命，爱让她充满激情与力量，爱让她充满幸福与快乐。

无论在什么情况下，女人都要保持良好的心态，相信坏事情总会过去，相信阳光总在风雨后。乐观是一种心态，整天嘻嘻哈哈的人，日子会过得更开心。也许有人会问：乐观的人难道就没有烦心的事？当然不是，只是看你怎么看待事情，心态好才是最重要的。

希望往往需要人们自己去发现，你的态度，可以决定你快乐还是悲哀。只要你希望自己快乐，你就能得到快乐。幸福只向心觅，何苦向外苦求。快乐是自己创造的，只要你拥有乐观的心态，你就会发现生活中有许许多多的快乐和美好。快乐和痛苦是可以互相转化的，有时候，你觉得很烦恼的事，只要换个角度想想，也许就会坏事变好事。

有位老太太生了两个女儿,大女儿嫁给了雨伞店老板,小女儿嫁给了洗衣房的老板。邻居跟她说:"唉,我真替你担心啊!"

老太太很奇怪:"你替我担心什么?我没什么烦心事啊!"

邻居说:"要是遇上下雨天,你小女儿洗衣房的衣服就晾不干;要是遇上晴天呢,你大女儿雨伞店的伞又卖不出去,你天天都要为两个女儿的生意担忧啊!要是我,早就愁死了。"

老太太乐呵呵地说:"这有什么好担心的,下雨天,我大女儿家生意兴隆;要是晴天,小女儿家就顾客盈门。每天都有生意做,我高兴还来不及呢!怎么会担心呢!"

现实生活中,很多人总是被事情的阴暗面困扰着,可是从来都没有换个角度去想一下。天还是老样子,只是想法变了变,坏事就会变好事,生活也会焕然一新。换一个角度,就能得到快乐。丢掉生活中的负面情绪,努力寻找事情有利的一面,改变自己的心态,做个乐观积极的女人。

一个心态积极的女人可以在漆黑一片的夜空中欣赏星光灿烂,而心态悲观消极的女人却会让黑暗埋葬了自己。因此,无论何时何地,身处何境,都要用乐观的态度微笑着对待生活,微笑是乐观击败悲观的有利武器。乐观才能将不利的局面一点点打开。

一位著名的政治家曾经说过:"要想征服世界,首先要征服自己的悲观。"人生在世,不如意事十之八九。如果一味地沉入不如意的忧愁中,只能使不如意变得更加不如意。既然悲观于事无补,那我们何不换个角度,用乐观的态

度来对待人生、善待自己呢？积极生活，心向朝阳，做个乐天、积极的女人。

❤ 有思想的女人最具魅力

女人若只有美丽的外表，不过是个空壳，没有思想的女人，眼神是呆滞的，语言是空洞的，美丽也只是苍白的。有思想的女人，才是最美丽的女人，在她们的身上，到处闪现着睿智的光芒。

有人曾说，智慧是女人一种永恒的哲学，一个女人因拥有智慧而让自己轻盈的气质变得厚重起来，一个女人也因智慧的存在而让自己变得更加引人注目。她们谈吐不俗，气质超人，即使是在人头攒动的旧街陋巷也会显出一种智者的魅力。

智慧使女人拥有简单、纯净的心态审视万物，智慧使女人的情感丰盈与独立，智慧让聪明女人更懂得在得与失之间平衡，智慧的女人以极强的领悟力对面临的任何事态都能做出从容、明智的抉择。中国台湾地区领导人马英九的夫人周美青就是一个睿智的女人。

马英九能一路走来打拼到今天，岛内大部分民众都知道周美青功不可没。从政后，马英九一直很忙，时常加班到深夜才下班，不仅顾不上家务事，连两个女儿的教育重任，也落到周美青肩上。

1974年8月，马英九去美国纽约大学求学时，在机场遇见了同样要去该校念书的周美青。念书期间，两个老乡互相照顾，逐渐擦出爱的火花，并于1976年订婚。

当时马英九有意继续攻读哈佛大学法学博士学位，但手头很紧张，为了让马英九完成心愿，周美青放弃了自己的深造计划，到餐厅打工挣钱。

1977年结婚后，周美青搬进了马英九的宿舍照顾他，没有家具，两人就捡别人扔掉的，经过周美青的布置，简陋的小屋充满温馨。

周美青不仅个性独立，还是典型的贤妻良母。马英九天生一张"明星脸"，因此经常受到女性倾慕者的"骚扰"。

但周美青表现得非常大度，还幽默地说："马英九太有名，全台湾的人都在帮我监视他呢！根本没作案机会。"

翻阅台湾媒体的报道，从年头到年尾几乎很少有周美青的新闻，对于记者的围堵，周美青也只会低调地回应一句："辛苦了，谢谢！"尤其惹人注意的是，周美青从不讲排场，也不干涉马英九的公务。

马英九的父亲马鹤凌最为赞赏这个儿媳妇，他曾说："我儿子将来要从政，这个媳妇绝对不会干政，不会去指指点点公事。"

周美青从美国留学回台后，就投身银行业，在金融财务方面做出不错的成绩。在马英九胜选后岛内传媒疯狂歌颂他的那段时日，周美青继续搭公车、捷运上下班，然而，在传媒记者天天大阵仗跟拍的情况下，她不得不认真思索是否离开职场的问题。经过权衡，她选择了急流勇退，从兆丰银行办理了退休。

离开职场后不到一个月，周美青出发了，朝她的人生新目标前进！一路上，她去偏僻的学校慰问孩子，为偏远学

校提供协助,造访原住民部落等。她在过去一年间一趟又一趟地往返于台北及台湾地区南部、东部,她的行动较诸她丈夫的大选,更具备了深植民心的意义。

对于台北市的情况她也经常提醒马英九,如哪里积水多、哪里景观被破坏等。5年前"非典"期间,马英九曾42天睡在办公室,有一天他告诉妻子要回家了,没想到周美青说:"你回来干吗,'非典'未灭,何以家归?"

自马英九从政以来,周美青几乎不介入他的任何公务,不进他的办公室,直到1998年他参选台北市长才第一次公开露面。她以职业女强人的形象过自己的正常生活,塑造了"低调"的公众形象。两次市长选举,她都只在最后一周以亲民、爽利的作风辅选,选后继续退避,与政治划清界限。

过去半个多世纪以来,台北历任市长和市长太太,有人甚至把警察当成自家佣人一样使唤,但周美青和马英九从不做这种事。郭建成说,她连停车位都是自掏腰包租来的,从不使用一丁点特权。

郭建成说:"派出所距离马英九家不过咫尺之遥。记忆中,马太太向来独来独往,没有安全随护,也不曾差遣过管区什么事。"

前段时间,马英九在中国台湾地区领导人选举中获胜并赢得连任,他的夫人周美青劳苦功高。作为中国台湾地区的第一夫人,周美青穿着朴素利索,态度诚恳认真,正是这个连一副耳环都不带的低调女人,赢得了台湾民众的尊重和赞赏,为丈夫的形象加了分。

周美青这位"最不像夫人"的夫人,为何最服人?因为她以自己的智慧赢得了民众的心,树立了当代新女性的典范和标杆。她当然以先生的成就为荣,但从不因此向外炫耀;她虽然具备知识分子的学识和眼界,但从不吝于向弱势付出和捐助。

智慧的女人总是拥有豁达博大的襟怀、积极的心态,从而坦然行走在大千世界,并运筹帷幄。女人的智慧是生命中的梦想,有灵魂的翅膀,并用情趣和快乐赋予它生命。女人就是要将睿智埋于心、置于行,才能演绎自己更加美丽动人的人生。

♥ 关于得失,无须太过在意

人的一生,得意与失意相生相随、相辅相成,没有得意就没有失意,没有失意何来得意?身为一个现代女性,更要以"成之欣然、失之淡然"的心态面对人生,从而在生活中怡情养性,在工作中从容恬雅。

人的一生不可能平坦如意,成则欣然、失之淡然的女人,不管遇到什么困难、挫折、意外,从不悲观,从不灰心,从不失志,总是坦然、快快乐乐地历经人生的里程。只有这样才能顽强地在逆境中迈进,另辟途径。

人生的境遇并没有好坏之别,而常人眼里之所以有顺逆、褒贬等种种色彩,是源于内心的主观感受。境由心生,一切唯心造。我们应当不逃避,不强求,任由世事变迁,宠辱不惊,以一颗恬然、淡定的心,泰然处之。

很久以前,山上有一座破旧的庙,庙里住着师徒四人。三个弟子跟着师父修行。这天,师父为考验弟子们的修

行功夫,对三个弟子说:"你们随我来。"三个弟子相继来到庙门口,并按师父的要求依次站在两棵树前。

这两棵树不知道长了多少年了,其中一棵还不到秋天枝干就枯瘪了,叶子也所剩无几,似乎快要死了。另一棵则郁郁葱葱,深绿的叶子像涂了层蜡似的,在阳光下泛着耀眼的光泽,一副欣欣向荣的样子。

接着,师父提出问题:"你们三个发表一下自己的看法,在这两棵树之中是枯的好还是荣的好?"

大弟子抢先回答:"荣的好,因为它有着旺盛的生命力!"

师父听完没有说话。

二弟子接着说:"枯的好,因为它的身体可以用来制作各种家具!"

师父摇了摇头。

谁知那最小的弟子沉思片刻,却不急不缓地说:"枯也随它,荣也随它……"

老师父这才露出了赞许的笑容。

树是这样,人生也是如此。人生的旅途,总是蜿蜒曲折坎坷不平的,当噩运向你袭来的时候,最要紧的是要有宽广的胸怀,用笑脸去面对现实,用微笑去对待生活。成功时做到不轻狂。

回归田园的陶渊明是恬淡的,他采菊东篱下,悠然见南山,躬耕田野,戴月荷锄,抛却了公牍之劳,不为五斗米折腰,在自由自在中度过自己的恬静人生。一代名相诸葛亮,虽然满腹才华,但他淡泊明志,宁静致远;不居傲,不贪功,不专权,被后人尊敬有加,千百年来一直被人们视为智慧的化身和效仿的榜样。

人生就像一场盛宴。平淡是本色，泰然是历程，淡然是视角，信念是旗帜，能坚持淡然的人，不因岁月的流逝而变得焦躁，不受世俗的污染而丧失本真。能够淡然处之的女人，不因物欲得失而变得焦虑，不受世风的侵袭而背离轨道；历尽人生的磨难，仍对未来寄予厚望；饱经世事的风霜，仍对生活投以热忱。

得意时，女人需要提醒自己，不忘形，不得志骄横；失意时，不变形，宜泰然，不要悲观失望。得意和自负时，需要的是淡然，给自己留一条退路；失意和没落时，需要的是泰然，给自己觅一条出路。

一个圆环身上丢失了一个零件，因为缺少这个零件，它的滚动非常缓慢。为了能够像以前一样快速地旋转，它决定去寻找这个部件。在寻找的途中，由于它行走得非常缓慢，一路上它才有机会欣赏沿途的鲜花，它不仅与阳光对话，和蝴蝶伴唱，遇到一起行走在地上的小虫还可以聊聊天……

而这一切是它在完整无缺、快速滚动时所不能注意到、享受到的。但当它找到那个部件后，因为滚得太快，它失去了所有的朋友，不能从容欣赏花，也没有机会聊天，一切都变得稍纵即逝。圆环这才明白，得到这个部件虽然旋转的速度加快了，但再也找不回失去这个部件时的乐趣了。

"花开花落总有时"，尘世间的一切都有得失。想做一个"成则泰然，失则淡然"的女人，就必须做到在成功时不狂妄浮躁；绝望时，不失魂落魄，不意气用事。只有用平常心淡然处世，方能举重若轻。

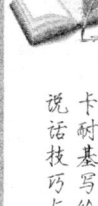

生活对人是平等的，在你得到美貌的同时，你将失去与之成正比的智慧；在你得到快乐的同时，痛苦也许正在虎视眈眈地盯着你。淡然处世，是对人生的宽容。绚烂至极归于平淡，不是平庸之平，而是素净质朴、宁静深沉，是深邃的执着，是内心的祥和，是深入的淡定，是人生境界的极致。

"智者乐山山如画，仁者乐水水无涯。"从容、淡定的女人可以把自己的生活安排得如此诗意：在细雨朦胧中漫步在小石桥上；在春风荡漾中划动小竹筏；她们不为世俗所诱惑，而独守着明月翩翩起舞。这才是真正的历练，一种经过生活漂染、岁月过滤后的释然而洒脱的至尊。

心若淡然如水，人生便如行云流水。现实中过于执着、忙碌的女人们，不妨在心里留一个自我调整的空间，从而在顺境时能淡然，在逆境时泰然，使人生的步履迈得更从容更稳健。

❤ 贪图物质比不上升华心灵

现代社会，在各种激烈的竞争压力下，生活的节奏越来越快，很多女人在承受着艰辛的同时，也获得了较高的待遇。于是，她们开始不断地追逐奢华生活，从中得到心理上的满足。她们误以为有了金钱就有了一切，甚至把物质争取当作通往幸福的唯一途径。

殊不知，在追逐物质的同时，往往会迷失自我。物质欲望强烈的女性更是施展各种手段来满足自己对名牌时尚的虚荣。都市剧《北京爱情故事》里就有一个典型的拜金女角色。

以拜金著称的杨紫曦在情场上是个十足的索取派。杨紫曦和吴狄这对情侣从学生时代相处到走入社会，杨紫曦虽然真心爱吴狄，但她还是因为吴狄只开得起熊猫车买不起三环以内的房子就抛弃了他。杨紫曦曾经对朋友说过："你知道最终我和吴狄分手的导火索是什么吗——我看上一双鞋，3500元，吴狄买不起，Andy买给我了。"

于是，杨紫曦选择了与那个能够满足她欲望的男人Andy在一起了。结果，那个男人满足她一切物质上的欲望但是却满足不了她最想要的安定生活。

试问：在都市里的各种女人们，尤其是剩下的白领骨干精英们，你们有想过自己到底适合什么样的生活吗？生活中房子车子是婚姻的首选吗？真正的爱情是否真的可以用金钱做衡量的标准？

综观飞速发达的当今社会，虽然物质财富极其丰富，但人们在劳碌奔波的人生旅途中，或为追名逐利，热衷于觥筹交错的喧哗中；沉湎于歌舞升平、麻将扑克的寻欢作乐中；心灵的空间常被挤得满满当当，很难再有宁静的空隙。因此，"好累，好烦"已成为人们时常挂在嘴边的口头禅！

现代的生活节奏快了。人们往往在追逐自己的利益，不会管自己内心真正想要的。真正的宁静是在外界的喧嚣中依然可以坚持自己的初心。这是一种睿智，只有这样，才能真正做到淡泊，做到人生的真正宁静。

作为女性，我们应该最大限度地发挥自己所掌握的知识，用知识改变我们的生活境况，用知识给社会创造财富，用知识改变自己的命运。正如我们所熟知的著名主持人杨澜就是因为勤奋读书、努力实践，从而改变了她一生的命运。

提起杨澜，很多人都说她太幸运了。从著名节目主持人到制片人，从传媒界到商界，她成功实现了她人生的转型。杨澜是幸运的，但这种幸运也不是人人都能驾驭的。它需要睿智的眼光、独到的操控能力，是职业经历累积到一定程度厚积薄发而来。

1990年2月，中央电视台《正大综艺》节目在全国范围内招聘主持人。杨澜以其自然清新的风格、镇定大方的台风及出众的才气脱颖而出。但是，由于她长得不是太漂亮，在第六次试镜时还只是在"被考虑范围之列"。杨澜得知后反问导演："为什么非得只找一个女主持人，是不是一出场就是给男主持人做陪衬的？其实女性也可以很有头脑，所以如果能够有这个机会的话，自己就希望做一个聪明的主持人。"

就是因为杨澜这些话，彻底打动了导演。毕业后，杨澜正式成为《正大综艺》的节目主持人，并一举夺得金话筒奖。之后，她放弃主持红极一时的《正大综艺》，赴哥伦比亚大学国际和公共事务学院主修国际传媒，并取得硕士学位。

杨澜常说："是知识改变了我一生的命运。"回忆起留学这件事，她说："其实那时候我是没钱去美国读书的。但是我不能等挣足了钱再去读书。物质这东西永远没有满足，对于我来说，内心提升才是最重要的。"

杨澜做访谈节目至今，已经采访了200多个政界、经济界和文化界的名人。杨澜认为自己向来的重点不在风格，而在内涵。她说："风格是你在具备一定内涵后才体现出来的东西。"

杨澜追求内涵的丰富和内心的成长,也因此成为人们心中的知性女人形象。但在现实生活中,许多女人都在追求一种"永恒"的东西,如为了永远年轻美丽不惜花高价美容整形。世上有没有"永恒"。如果有,变化就是永恒。为了让我们不至于被时代的车轮碾碎,必须把自己当作"蓄电池",要不断地给自己充电。

要知道,现在的社会瞬息万变,尤其是科学技术日新月异,不断给社会生活注入新的内容和活力,要求女性必须不断地学习和更新知识体系。不进则退,如果吃老本的话,我们就会落伍,赶不上时代的要求。女人只有不断地学习,不断地自我充实,提升自己的知识和技能,才能获得成功。

♥ 若欲超脱,需要纤尘不染

生活中,人们总是牵挂得太多,太看重得失,所以情绪才会起伏。有些习惯被负面情绪牵着鼻子走的人,根本不可能活出洒脱的境界。

一个真正淡定的女人,在现实的世界中会抱着一种超然物外、游戏人间的心理看待生活。游戏人间不是玩世不恭,而是让自己的心境轻松,守住做人的本分和原则,从俗事中解脱,不被世事烦琐所累。

不管外面的世界多么喧嚣,但是被纷扰包裹的是我们心里的安静,正是我们心里在喧闹,这个世界才在你看来是一个喧闹到无法忍受的世界。正如我们捧着一本书,如果心不静,再好的书也读不进去,更不用说领会其中的妙处了。

生活也是如此，只有安静下来，人的心灵和感官才是真正开放的，从而变得敏锐，与世界的万事万物处在一种最佳关系之中。当我们以出世的心做入世的事，不让世俗功利蒙蔽你的心灵，淡然面对得失，坦然接受成败，才能超脱物我，找到生命的真谛。

据说，古代有个皇帝感觉心情烦躁不安，怎么调节都不行，找了几个御医也没有效果。这时，有人提议，如果皇帝看了一种特别的画，就能让心情平静下来。

于是，皇帝提供了一份非常优厚的酬金，以此来激励有人能画出使他平静的画，以便自己在心情烦躁时能拿来缓解情绪。许多画家都来尝试。皇帝看完所有的画，只有两幅他最喜欢。

其中一幅画是一个平静的湖，湖面如镜，倒映出周围的群山，上面点缀着如絮的白云。看到此画的大臣们都认为这是一幅使人平静的最佳图画。

而另外一幅画也有山，但山路看起来是如此的崎岖，整个山上又不见丝毫草木，光秃的山，天空下着大雨，雷电交加。山边翻腾着一道涌起泡沫的瀑布，看来一点儿都不平静。

可是当皇帝看到第二幅画时，表情非常平静地说："就是这幅了，当我看见瀑布后面有一个小树丛，其中有一个鸟巢。在如此不平静的环境下，这只鸟却平静地坐在它的巢里。人应该向鸟学习。"

最后，皇帝当然选择了后者，奖金给了画这幅画的画家。

内心的平静并不等于生活中也不发生任何起伏，而是在世事纷乱中，心中仍然宁静。当一个人能够做到跳出了世俗生活的局限，站在一个"登泰山而小天下"的高度，观看世间百态，他就远离了世俗的功利与喧嚣，看淡了个人的成败与得失，过着宛若陶渊明笔下"心远地自偏"的宁静生活。

中国古代历史上，有许多人演绎出了纤尘不染的淡泊心境，解开了天罗地网的烦扰。唐朝的李泌便是其中之一，他睿智的处世态度充分显现了一位政治家、宗教家的高超智慧。该仕则仕，该隐则隐，无为之为，无可无不可。

在著作《长歌行》中，李泌这样写道："天覆吾，地载吾，天地生吾有意无。不然绝粒升天衢，不然鸣珂游帝都。焉能不贵复不去，空作昂藏一丈夫。一丈夫兮一丈夫，千生气志是良图。请君看取百年事，业就扁舟泛五湖。"通过这几句话，他将内心对名利功绩的感受描绘得淋漓尽致。

李泌一生中曾因种种原因多次离开朝廷。玄宗天宝年间，当时隐居河南嵩山的李泌上书玄宗，议论时政，颇受重视，但却遭到杨国忠的嫉恨。杨随后毁谤李泌以《感遇诗》讽喻朝政，李泌被送往蕲春郡安置，对此，他并没有抱怨朝廷，也没想着报复杨国忠。他索性"潜遁名山，以习隐自适"，大有既来之则安之的意思。

自从肃宗灵武即位起，李泌就一直在肃宗身边，为平叛出谋划策，虽未身担要职，却"权逾宰相"，这下又再次招来了其他权臣猜忌。李泌自然明白自己当时的处境，灾难随时都有可能发生。当收复京师后，李泌便功成身退，进衡山修道。

当代宗即位时，便强行将李泌召至京师，任命他为翰

林学士,使其破戒入俗,李泌又一次进入朝廷做事。他依旧不拒绝,而是顺其自然地做着分内之事。他自己虽无意与人争名利,却无法阻止别人的想法。

当时的权相元载将其视作朝中潜在的威胁,寻找名目再次将李泌逐出朝廷。逐出的李泌依然享受山野的生活,不留恋曾经的浮华。

后来,元载被诛,李泌又被召回,却再一次受到权臣常衮的排斥,再次离京。建中年间,泾原兵变,身处危难的德宗又把李泌招至身边。

李泌屡蹶屡起的原因,在于其恰当的处世方法和豁达的心态,他已达到了顺应外物、无我无己的境界。当社稷有难时,义不容辞,视为理所当然;在国难平定后,全身而退,没有丝毫留恋。

当我们看透了人生的本质,便不会被繁华遮蔽了双眼,人生不过一杯水,用出世的心做入世的事,便能充分品味水的甘甜。人生最好的境界是安静。内心纤尘不染,方能解开世间的天罗地网。

爱默生曾解释过什么是成功:"笑口常开;赢得智者的尊重和孩子的热爱;获得评论家真诚的赞赏,并容忍假朋友的出卖;欣赏美的事物,发掘别人的优点;留给世界一些美好,无论是一位健康的孩子,一个小园地或一个获得改善的社会现状都可以;知道至少一人因你的存在而过得更快乐自在,这就是成功。"

淡定的女人总是心如止水,但是止水并不是死水,所谓静止只是相对的状态。人生往往是宁静里波涛汹涌,那些最平淡的事情里面往往酝酿着最为激烈的革命。一个女人如能做到在宁静中感悟奔腾,已到达心灵的至高境界。

有了这份平淡的处世心态,你就会在简简单单的日子中快乐地生活。当你忙里偷闲与爱人、孩子一同去逛公园、看电影、搞野炊时,你会懂得,生活其实有很多内容。我们大可不必为了一个出国名额而彻夜不眠,大可不必为一次职位的晋升而寝食难安。

在平日忙碌而充实的生活中,忙碌便有所收获;你岗位平凡但你乐在其中;你斗室而居,但衣食自足;也许你只是一个普通的女人,普普通通如一棵草;也许你是一个貌不惊人的女人,平平凡凡如一朵花,但你同样可以骄傲,默默绽放的花朵也会芳香宜人!

第九章 学会淡定,做个有思想的女人

第十章 玩转职场，做个成熟的女人

♥ 如鱼得水地混职场

作为一个职业女性，要想在人际交往中游刃有余，必须懂得一些人际交往的手段。

1. 充分利用你的外在形象

不管是公共场合还是私人聚会，只要你与外人接触，你的衣着打扮、言谈举止就会出现在他人的眼里，别人也会依此对你作出初步的评价。可以说，女人外在形象的好坏，直接关系到社交活动的成败。

（1）发挥"二号微笑"的魅力。所谓"二号微笑"，就是笑不露齿、不出声，让人感到脸上挂着笑意即可。保持"二号微笑"，会让人感觉心情轻松愉快。

（2）充分展示你的性别美。女性美应是娴静的、温柔的、甜美的。交际时，女性如能巧妙地利用自己的性别优势,表现得谦恭仁爱、热情温柔,定能激起男性的爱怜感和保护欲。女性自然的温柔所产生的社交力量,有时比刚强的力量要大得多。

(3)解决好形象的首要问题。仪容、仪表是首先进入人们眼帘的,特别是与人初次见面时,因为双方不了解,所以仪容、仪表在人们心目中占有很大的分量。

(4)良好的言谈举止可以放大你的外在形象。言谈举止是一个人精神面貌和修养的体现,开朗、热情,就会让人感觉随和亲切、平易近人,显得容易接触。

2.学会漂亮的现身术

在日常工作中,职业女性也经常会有现身在他人的办公室、会客室或会议厅的机会。每当她们现身时,总会有人在一旁打量、评价她们的外表、自信甚至智慧,而这些只发生在短短的几秒钟之内。

如果你的现身带着羞愧、不安,那么你极有可能在未开口前就已失掉顾客、生意和业绩。

(1)正确的现身方式

①充满活力。自身充满活力的人总是步履坚定、笑容亲切、姿态端正且流露出一股真正的生命活力。

②姿态端正。面带微笑,抬头挺胸,别让身体前倾或弯腰驼背,左手提公文包,右手留着握手用,绝不可让公文包遮在你的前面,这会让你显得怯弱可欺。

③失态时刻的补救方案。现身时如突然摔倒或跌跌撞撞地走不成步,此时最佳的补救方法是尽可能迅速起身,并且恢复常态,神态自若地自我幽默一番,这样能让自己和现场的人重获从容和轻松。甚至,如果你给人留下幽默印象的

话，或许还可获桑榆之利呢。

（2）错误的现身方式

①焦躁惊慌。适度的紧张是正常的，不过，千万别让这种紧张情绪表现在你的肢体语言中。

②边整理衣服边进入。如果你边进门边整理衣服，不只你自己，连会议室内的人都会跟着分神，也会让你显得不够端庄稳重。

③怒气冲冲地进入。这种现身方式只能破坏别人对你的印象，谁都不喜欢火爆性子的人，不管你的职位有多高。

④机械呆板的步姿。这种举止动作应当收敛，机械呆板的步伐加上面无表情，会给人冷峻无情的感觉，甚至更糟的是让人看起来滑稽可笑。

⑤举止粗鲁。如果你天生就举止粗鲁冒失，那么就需要练习你的自制力，粗鲁冒失的言行会让人觉得浑身不自在，而急着端茶送客。

（3）白领女性柔性交际术

日常生活中，常会有这样一种现象：有的女孩漂亮活泼、热情大方，常与男士们说说笑笑、下舞厅、外出游玩，并总能宽以待人，又乐于助人，受到大家的称赞。可是没过多久，突然有几位男士向她求爱。女孩百思不得其解，自己根本没有找男朋友的打算，也没向他们表示爱意呀！那事情为什么会成这样呢？应该怎么办呢？这就是交际艺术问题，女孩不妨动用自己的柔性交际术来解决这个难题。

①柔中带刚。对那几位男士，敢于面对，不要躲避。从心理角度说，多数人有很强的逆反心理——越是得不到的东西，越想得到——特别是男人，好胜心更强，追求一个女

孩时，大有穷追不舍、水滴石穿的劲头。对此，女孩可以找个机会，开诚布公地向他们表明自己拒绝的理由或苦衷，希望他们谅解，并渴望能友好相处。但表明态度时，要注意以下几点：

a. 态度坚定，不可说一些模棱两可的话，如"让我再考虑考虑，我暂时不想谈……"这样会给男人留下一线希望，他们还会不死心的，继续穷追不舍。

b. 对这几个男人要一视同仁，不可厚此薄彼，否则会引起纠纷。

c. 语言要真诚温和，尽可能面带微笑。这样用你柔的言行，表达你刚的决心，会达到最佳效果。

②适可而止。与朋友交往时言谈举止要有分寸。在人际交往中，温柔大方是女人善良温柔的体现，但切忌有过分亲昵的举动（不论有意或无意）。另外，对男士们的亲昵举止要明确表态，及时制止，不要拖泥带水。这样有柔有刚、刚柔相济，防患于未然。

③让同伴"插足"。在人际交往中，最好与一两个女孩结为同伴，相互谈心，相互照应。这样不给"疯狂"的男士们可乘的机会，有别人在场，会让他们望而却步。

♥ 请让你的领导感到被尊重

尊重是最基本的礼仪，对身处高位的领导那就更不用说了。与上司说话的时候，女人作为下属一定要注意维护其身为管理阶层的权威，言谈之间让上司感觉到你的尊重。

很多职场女性只把尊重放在心里不说出来，或者说话

的时候体现不出自己的尊重，会让领导觉得你傲慢无礼，对你产生不好的印象。说话的时候不懂得尊重上司，想赢得上司的信任和提拔也就更不容易了。

赵子琪正在忙着核对客户资料，这时，上司过来问她："高凌呢？"赵子琪随口答了一句："不知道。"上司被她的态度惹恼了："不知道？他就坐在你对面，你都不知道他在干什么？你还知道什么？"赵子琪也生了气："我两只眼睛都在材料上，哪有多余的眼睛关注别人在做什么啊？你要是想找他，直接打他的电话不就好了！"上司被气得满脸通红，一句话没说就走了。

在这之后，赵子琪和上司之间的气氛就一直不自然。后来，赵子琪被调到了下属分公司，她这才意识到对上司不尊重的严重后果。

当领导询问你一些问题或者安排一些额外的任务时，就算你的工作很忙，心情也很烦躁，也不要脱口而出"我不知道""没看见我在忙着呢"这样大不敬的话语。领导毕竟是领导，要时刻注意这一点。聪明的女人会这样说："对不起领导，我一直忙着查找资料，这件事不清楚，要不我帮您问问别人吧？"或者这样说："经理，我手头上这份工作客户急着要，今天就要赶出来。如果您不着急的话，我明天再把报告送过去，可以吗？"这样的回答，既让领导知道你忙于工作、时间紧张，又不让领导觉得没有面子。

女人要想使上司觉得被尊重，在谈话的时候首先要注意礼貌，一定要多用"您""请"和"谢谢"等礼貌用语，遇到领导要主动向其打招呼，说句"张厂长您早"或者"周经理您好"礼多人不怪。对于年龄相仿的领导，说话的时候可以稍微放松一点，但对于年龄偏大的上司，要格外注意礼貌和举止。

如果对上司说话太过随意，会让上司觉得你是一个缺乏修养的下属，所以一定要多用"您""请"和"谢谢"等。平日在交谈过程中也要时刻注意，就算领导比较随和，偶尔可以开开玩笑，也不要没大没小，忽略了敬语的使用。

罗子霞在公司工作了4年多，也算是老员工了。每当公司有新进员工，她都会格外照顾他们。最近，公司里新来了一个年轻女孩，罗子霞待她特别亲厚，经常教授她一些专业知识不说，还经常和她聊天。一次，罗子霞在那个女孩面前无意地评价了自己的上司几句，言外之意是觉得上司没有多大的能力，却还总是颐指气使。

第二天的晨会上，罗子霞之前已经通过的一个工作计划却突然被上司取消了。罗子霞心里非常生气："怎么说取消就取消呢？这可是之前当着所有员工的面通过的事情啊！"她想顶撞上司几句，但还是忍住了。

晨会结束后，罗子霞趁着上司单独待在办公室的时候，敲开了上司的门，耐着性子平静地问道："您刚刚在晨会上宣布取消之前我做的那个工作计划，我有一点不解。我认为这个方案还是不错的，您能不能告诉我问题出在哪里吗？"

上司看了看罗子霞："你是不是觉得工作了几年，你的能力已经超过我了？"罗子霞心中一惊，联想起自己前几天对新来的女员工说的话，马上就明白是有人在她背后告密了。她随即稳住心神："每个人都有自己的特长，在策划上我可能点子多一些，但是在组织管理上，我却没有您有能

力！这就是为什么您是领导，我是下属。"

上司听了这话，表情缓和了许多，思考了一会儿，叮嘱罗子霞说："你也不要天天只顾着工作，也要注意自己身边的同事。"罗子霞心中松了一口气，知道上司已经不生气了，赶紧说："谢谢领导对我的指导。那，这份工作计划……"上司说："还是按照你的办法去做吧，明天我会宣布你的策划案经过修改，通过了。"

一些女人因为一时冲动，当众对领导说出一些过激的言辞，这是对上司极大的不尊重，会给上司留下极为恶劣的印象，使上司很难再信任她。在相处过程中，切忌对上司大喊大叫，说话偏激，这样不但是对上司的不尊重，更是将你和上司摆在了对立的角度上，非常不利于你的形象和今后的工作发展。

一样的话，两样的说法。同样的意思，换成不同的表达方式能让领导有不同的心理感受。随意地回答只会让领导觉得你在敷衍他，不把他放在眼里；恭敬有礼地谈话才会让领导觉得你在尊重他，把他当作领导。聪明的女人要牢牢记住，自己身为下属，言谈之间一定要体现出对领导的尊敬，否则，在职场中就只能处处碰壁了。

❤ 学会赞美，助你致胜职场

有一种说法一直颇为流行，那就是"赞扬能使赢弱的躯体变得强壮，能使恐惧的内心恢复平静，能让受伤的神经得到休息，能给身处逆境的人以成功的决心"。

美国《幸福》杂志研究表明：人际关系的顺畅是成功

的关键因素,而赞美别人是交际的最关键课程,因此如果你懂得如何去赞美别人,加上你聪明的脑袋,还有脚踏实地的精神,就等于事业成功了一半。有一位女领导,快50岁了,但是保养得不错,看起来比实际年龄要小一些。某天一个下属在跟她聊天的时候说:"我刚见您的时候,您看起来也就30岁左右的样子。我还想既然当了这么高职位的领导,怎么也得有35岁吧。后来才……"女领导听了非常高兴,不久就给这位下属升了职。

在特定场合,女性本身认为自己打扮得很漂亮。这时你的夸赞就可以大胆一些,以表达自己的赞赏之意。比如在舞场上,这是找到舞伴的重要技巧。

一天,小何去参加舞会时没有带舞伴。当他看见旁边坐着一位身穿长裙的女士时,他走上前去夸赞道:"女士,您今晚的一袭长裙配上舞场的灯光,简直就是仙女下凡,真是太迷人了!我静静地欣赏了您好久,终于忍不住过来邀请您跳一支舞,您不会拒绝一个崇拜者吧!"这位女士笑了,答应了小何的要求。

真诚的、发自内心的赞美可以优化你的人际关系。赞美从一定意义上讲,是一种有效的感情投资。对于领导的赞美,能使领导心情愉悦,对你越发重视;对于同事的赞美,能够联络感情,增强团队精神,在合作中更加愉快;对于下属的赞美,能使你赢得下属的尊重,激发下属的工作热情和创造精神,从而更好地协助自己在事业上的发展;对自己生意伙伴的赞美则会赢得更多的合作机会,从而获取更多的利润。如果你是一个商人,学会赞美你的顾客,则会拥有更多的回头客。

一位精明的裁缝往往会说:"太太真是好眼光,这是我们这里最新潮的款式,穿在太太身上,一定会更加漂亮。"几句话,这位太太肯定眉开眼笑,马上开包拿钱。

美国的商界奇才鲍罗齐就曾说过:"赞美你的顾客比赞美你的商品更重要,因为让你的顾客高兴你就成功了一半。"

赞美他人,是女人在处理人际关系中的一种技巧,学会赞美他人的女人用口才去推广自己的影响力,在无形中增添自己的魅力,使别人更乐于接纳自己,所以赞美他人的女人会使自己变得越来越美丽。

赞美可以让女人获得更和谐、更亲密、更甜蜜的亲情、友情和爱情。一个懂得在适当的场合赞美他人的女人,一定是充满魅力的女人,并处处受欢迎。真诚的赞美是衡量女人影响力的一个标准,也是衡量交际水平的标准,有助于女人影响力的提高。如果一个女人学会了赞美他人,就拥有了开启和谐人际关系之门的钥匙。

♥ 做个善于协调的女白领

协调着眼于自我调整,主观适应客观,个人适应集体,不断地使自己与周边的环境保持一种动态平衡。

现实社会不是生活的真空,无时无刻不充满着权力的较量,利益的纷争,性格差异的摩擦,你即使一点不去争,也有人与你争,甚至还有那么一种得寸进尺,想骑在别人脖子上的人,你退一尺,他就进一丈,你给他吞二个指头,他就要吞到你的手肘。在这样的环境中,一个人若想成就一番事业,花费的代价无疑是巨大的。良好的人际关系,融洽的环境氛围有助于一个人脱颖而出，发挥自己的聪明才智，实现自己的人生价值。对此，不同的人采取了不同的方法和策略：一种是讨好，一种是协调。

协调着眼于自我调整，主观适应客观，个人适应集体，不断地使自己与周边的环境保持一种动态平衡。而讨好与协调不是一般方式方法上的区别，首先是它的着力点错位，不是强调主观，调整自我来适应客观，而是迁就和迎合他人的需要，来换取别人对自己的宽容或姑息。

讨好者的目的与动机并不是对称的，她不是为了调节个人与群体的关系，而是为了谋求狭隘的个人利益和需求，去讨好那些与自身利益相关的人特别是那些有权有势的人。人都有一个弱点，喜欢听恭维的话。对人说一些赞誉之词，如果能言者由衷，恰如其分，适合其人，分寸得当，而不流于献媚，将是一种讨人欢心的处事方法，听者自然十分高兴，这不能说是坏事。如果不问对象，夸大其词，竭尽阿谀奉承之能事，不仅效果不佳，有时还会被别人称为马屁精，落个坏名声，而且，花费的代价大，成本高。因为她不能做到同时去讨好所有的人，为了不得罪人，她必须不断地讨好别人，这不仅加大了成本，而且活得很累，更重要的是毁了自己的前程。

习惯于讨好的人，是不讲究做人原则的，当面一套背后一套，在人前讲人话，在人后讲胡话，为个人私利所左右，为讨好他人而失去自己的竞争力。但凡有正义感的人，对两面三刀的人都是非常反感的。

我们说要善于协调，并不是要人处世圆滑，不得罪任何一方；也不是要人当面一套、背后一套，当着张三说李四，碰到李四又说张三。其实，这种人是可鄙的。但一个人如果能在坚持大原则的情况下适当对一些无关大局的事作一点让步也是可以的，如果你能做到大家都喜欢你，那么在你的世界就是以你为中心的，你并没失去什么，还会有意想不到的收获。而且，你生活的环境气氛融洽，自己心中也快乐得多。

善于协调的人，人际关系一般都十分融洽。在生活中也常常看到这样一种人，她既不拉帮结派，又不独来独往，她介于二者之间，既与这派有联系，又与另一派有瓜葛，你很难将她划为哪一派，而且，很奇怪的是，这种人往往能同时为两派接受。所以，办起事来才能左右逢源，得心应手，提高效率。因此，要谋求生存和成功，营造良好的人际氛围，讨好不是良策，协调才是好办法。

❤ 掌握办公室生存法则

办公室就是个小社会，不像在学校或家里那么单纯，每天待在办公室的人很少能感觉到做人的轻松与悠闲，职场中充满着世俗的体面和晋升的诱惑，也充满了人际的诡谲和竞争的压力。身处职场的白领女性想要在办公室里深得上司和同事敬佩，就必须懂得办公室的人际规则。综观职场上那些体面、升职快的人，哪一个不是通世故、讲分寸、深谙办公室生存之道的人？掌握了办公室的人际规则，也就能在职场游刃有余了。

1. 办公室生存的"白金法则"

（1）注意倾听

每个人都有这样的冲动，就是向别人展示你是如何与他们的思路契合。但是，假如你真的与他们的想法一致，那么你就该知道，人们大多都喜欢听自己说话。哪怕把同样一件事情用不同的方式讲5遍，人们似乎都不会感到厌倦。所以，假如你够聪明，你就该学会耐心倾听，让他们以偿"夙愿"。只要不时简单地发出"嗯"或"对"就可以了。你将会被大家称赞是个不只会听别人说话，而且还了解别人的人。

（2）适时沉默

有时候，你会发现自己身处颇为微妙的境况。当两个或更多的人因为矛盾几乎就要起言语冲突时，你刚好就在现场。表面上看，他们似乎是在争论有关工作上的小事，但是，实际上这两个人根本就彼此讨厌。所以，此时你一定要克服你想插嘴劝架的欲望，紧紧地闭上你的嘴巴。基本上，在当时无论你说什么都是错的，不是因为你身份不够或是缺乏解决方案或社交技巧，而是因为没有人会在这时候喜欢有人插手。在这个多变的人际关系的化学反应中，最好等到酸碱完全中和酸碱值回到正常时再有所"动作"。

（3）忌兴风作浪

在办公室里一定要耐住性子，别去掺和和自己无关的事，更不能兴风作浪、推波助澜，否则最终倒霉的是你。虽然有时会有例外，但是也不能冒着被"呛水"的危险去"游泳"。

2.同事之间相处的艺术

在办公室里，能否处理好与同事的关系，直接影响你的工作。建立良好的人际关系，得到大家的喜爱和尊重，无疑对自己的生存和发展会有很大的帮助，而且愉快的工作氛

围,可以让人忘记工作的单调和疲倦,对生活也能有一个美好的心态。这就需要你掌握好同事之间相处的艺术,精通与人沟通的技巧。

(1)不私下向上司争宠

要是办公室当中有人喜好巴结上司、向上司争宠的话,肯定会引起其他同事的反感而影响同事之间的感情。要是真需要巴结讨好上司的话,应尽量邀同事一起去巴结上司,而不要自己在私下做一些见不得人的小动作,让同事怀疑你对友情的忠诚度,甚至还会怀疑你品德有问题,以后同事再和你相处时,就会下意识地提防你,就连其他想和你交朋友的人都不敢靠近你了。因此,不私下向上司争宠,也是处理好同事之间关系的方式之一。

(2)直接向上司陈述你的意见

在工作中,每个人考虑问题的角度和处理的方式难免有差异,对上司作出的一些决定有看法或意见也属正常,但切记不可到处宣泄,否则经过几个人的传话以后,即使你说的话有道理也会变调变味,传到上司的耳朵里时,便成了让他生气和难堪的话了,难免会对你产生不好的看法。所以最好的方法就是在恰当的时候直接找上司,向其陈述你自己的意见,当然最好根据上司的脾气性格用其能接受的语言表述。作为上司,他感受到你对他的尊重和信任,也会对你另眼相看,这比你到处发牢骚好多了。

(3)乐于从老同事那里吸取经验

在办公室里,那些比你先来的同事,积累了更多的经验,有机会不妨向他们请教,从他们的经验里寻找可以借鉴的地方,这样不仅可以帮助自己少走弯路,还会让公司的前辈们感到你对他们的尊重。尤其是那些资历比你长，但其他方面比你弱一些的同事，会有更多的感动，而那些能力强的同事，则会认为你善于进取，便会乐于关照并提携你。

（4）让乐观和幽默使自己变得可爱

即使你从事的工作单调乏味或是比较艰苦，也千万不要让自己变得灰心丧气，更不要与其他同事一起抱怨，而要保持乐观的心态，让自己变得幽默起来。因为乐观和幽默可以消除同事之间的敌意，更能营造一种和谐亲近的人际氛围，有助于你自己和他人变得轻松，从而消除了工作中的乏味和劳累，最为重要的是，在大家眼里你的形象会变得可爱，容易让人亲近。当然，幽默要注意把握分寸，分清场合，否则会招人厌烦。

（5）帮助新同事

新同事对手上的工作和公司环境还不熟悉，很想得到大家的指点，但是有时由于和同事不熟，不好意思向人请教。这时，如果你主动去关心帮助他们，在他们最需要得到关心和帮助之时伸出援助之手，往往会让他们铭记于心，打心眼里深深地感激你，并且会在今后的工作中更主动地配合和帮助你。

（6）与同事多沟通

生活中不难发现，有的企业因为内部人事斗争，不仅企业本身伤了元气，对整个社会舆论也会产生不良影响。所以作为一名企业员工，尤其要注意加强个体和整体的协调统一。无论自己处于什么职位，首先要与同事多沟通，因为个人的能力和经验毕竟有限，要避免"独断独行"的做法。当然，同事之间有摩擦是难免的，即使对同一件事情有不

同的想法,也应本着"对事不对人"的原则,及时有效地调解这种关系。从另一角度来看,此时也是你展现自我的好机会。用成绩说话,真正令同事刮目相看。

(7)适度赞美,不搬弄是非

若想获得同事的好感,适度的赞美是必要的,如"你今天的唇膏颜色真漂亮",在无形中让同事增加了对你的好感。但切记不要盲目赞美或过分赞美,这样容易有谄媚之嫌。同时,切忌对同事评头论足、搬弄是非,要尊重个人的权利和隐私。如果你超越自己身份的话,很容易引起同事的反感。

3. 办公室女性的"三忌"

(1)忌在办公室搔首弄姿

因为人只有先自重,别人才会尊重你。对于办公室女性来讲,自爱是非常重要的。

女性一旦失去了自尊自爱,那她就只能匍匐在权力的脚下,乞求别人的怜悯与恩赐。许多女性就是因为失去了自尊而成为权力的牺牲品。

女性在与上级相处的过程中,"自尊"的含义包括以下几点:

①独立自主。靠自己的本事吃饭是最长久、最保险的。正确处理上下级关系,只是为了使自己拥有一个较好的工作环境,从而使自己的才能得到充分发挥,成绩受到肯定,而不是献媚于领导,不劳而获或额外得到更多的好处。

女性较之男性要有更多的依赖性,这是由女人的天性决定的。但依赖是有限度的,不能完全地依赖别人。另外,依赖还应该有原则,不能盲目地依赖、丧失尊严地依赖。否则,她就永远别想站起来,别想挺直腰杆做人。对于这种不想付出劳动只想收获的人,领导是不会喜欢的。

②不贪婪、不虚荣。虽然上下级之间只是一种工作关系,但是有时候这种关系又能带来利益。因为领导有权决定谁获得的多一点,谁获得的少一点。

女性如果能够恪守原则、洁身自好,不贪图安逸和虚荣,那么她就能抵制权力的诱惑,看清楚短期利益后面的巨大危险。

自尊会使你头脑冷静、心情平静,不为眼前繁华一时的物欲所迷惑,帮助你站稳脚跟,使你在上司面前没有可供利用的弱点。

③珍惜和爱护自己的名誉。人的名誉是无价的,金钱买不来,失去了便再难找回来。对于女性来说,名誉尤其重要,社会对女性的名誉有着较高的要求。

如果办公室女性在与上司相处中能够珍惜和爱护自己的名誉,就会保持头脑冷静,抵制诱惑,不会逾越正常的上下级关系,不会违背自己做人的原则。

同时,女性还应注意检点自己的言行,不说过头的话,不做不合时宜的事,时刻注意保持言行的慎重、仪态的端庄,避免给人留下轻浮的印象。

(2)忌在领导面前献殷勤

尊重领导,认真执行领导的指令,这是对的。但不要在领导面前献殷勤,溜须拍马。虽然讨好领导与同事没有直接的利害关系,但一般情况下同事都会很反感。人往高处走,这是一种普遍心态,可怕的是"马屁精"这一种人,他通过踩扁身边的同事来达到自己高升的目的,如向领导打小

报告,故意贬低别人,或者直接在上司面前让别人难堪,领导训斥他人的时候,他在一边"敲边锣",让人防不胜防。对付这种人最好的办法就是先下手为强,越过他向更高层的领导披露他的劣迹。

(3)忌在办公室散布流言

办公室中经常有这样一些人:他们到处散布别人的流言蜚语,搬弄是非。对他们来说也许只是没事磨磨牙,或者增加一点茶余饭后的谈资,但他们的言辞却对别人产生了很大的影响。流言蜚语是软刀子杀人,会使人陷入深深的痛苦之中不能自拔。

在与这类人的交往中,可以采用以下的方法:

①给予拒绝。拒绝答应对同事间的闲言碎语或流言蜚语保密,有问题就摆在桌面上,以便大家共同解决。看待问题要有正确的方法,有一定的是非标准,不能偏听偏信。

②置之不理。有些人搬弄是非的恶习已成为其性格特点,那么你就干脆不理睬他。

不要认为那些把是非告诉你的人是对你信任的表现,他们很可能是希望从中得到更多的谈话材料,从你的反应中再编造故事。所以,聪明的人不会与这种人做朋友。而令他远离你的办法,是对任何有关传闻反应冷淡、置之不理、不作回答。

③不宜过多交往。有时候,尽管你听到关于自己的流言后感到愤慨,但表面上你必须努力控制自己的情绪,保持头脑冷静、清醒。你可以这样回答:"啊,是吗?人家有表示不满、发表意见的权利嘛。"或者说:"谢谢你告诉我这个消息,请放心,我不会放在心上的。"这样的话,对方会

感到无空子可钻，也就不会再来纠缠不休了。

如对方总是不厌其烦地把不利于你的是非到处散播，以致对你的情绪造成极大的负面影响，你应拒绝与这种人来往。

♥ 礼貌待同事，保持友好关系

不要因对方是自己不喜欢的人，就厌恶她，不妨寻找与这种人适当交往的办法。这样。自己也渐渐地成长为有度量的人，也会在上班族的生涯中崭露头角。

办公室就是一个小社会，同事就是这个小社会的成员。如同社会上的人际交往一样，同事之间的相处也讲究一些原则。与同事保持真诚友好又不互相干涉的关系是女性朋友与同事的最佳距离，忽视这些，你的同事关系就容易出现问题。

作为一名女性职员，社交活动不免与公司有关。下班之后，与同事一起用餐、聊天，不但有助于日常工作，还可能更多地了解到与公司有关的消息。因此，公司所办的各种聚会当然要参加，与同事及上司应酬来往也有必要，但有一点要记住：不可随便交心。同事之间，只有大家放弃了相互竞争，或明知竞争无用的情况下，才会有友谊的存在。如果交出真心，动了真感情，只会自寻烦恼。

同事关系是由于工作的原因而形成的一种广泛而特殊的关系，处理好这种关系，必然会对你事业的发展有一定的帮助，处理不好这种关系，就会对你事业的发展形成障碍，有时甚至使你寸步难行。

1. 对同事真诚相待

要让大家把你当作一个好人，你就要对同事真诚相待，做到开朗大方，宽以待人。当公司为职员发放一些过节礼品时，你大可以抛弃眼前的这些小利益，把属于自己的那一份礼品，比如烟、酒等分别送给同事。分送给比你更需要的人，相信他们会欣然接受，并认为你是一个很不错的人。这样一来，你用小小的损失就换来了良好的同事关系，何乐而不为呢？

2. 不要在同事面前炫耀自己

在同事面前炫耀你的知识有多深厚，学历多高，这样做常常会使你陷入被动和孤立之中。如果过分卖弄自己的才能，只会让大家疏远你，你会感到很难在公司里待下去。

当你工作有成绩时，同事们会看在眼里的。你不要工作还没有取得成果便开始张扬显示自己，那样，大家会认为你是一个骄傲自大的人。强迫别人去认可你的才能往往是办不到的。

况且，不管你有多大的本事，干起工作多么得心应手、与众不同，也要谦虚谨慎，多向老职工学习，千万不要一进公司就立刻显露出来。因为过分表现你的才干，会使公司里的其他同事产生一种危机感。如果因为你的到来打乱了他们本来非常平静的生活，就会引起他们的仇视。于是，一些别有用心的人，就会利用你的冒失，发动大家一起攻击你，使你在公司里待不下去。这种情况下，你就会被迫逃走。

3. 格外尊重资格老的同事

对资格比较老的同事，你要表现出对他们格外的尊敬，要像对待长辈一样对待他们。因为他们在公司里待的时间比较长，不仅业务上很熟悉，而且也比较有威信。所以，不妨将他们当作老师，在业务技术上虚心向他们请教，让他们信任你，看重你。你尊重老同事，给他们留下好印象，不但可以学到许多专业知识，也可以学习到许多人际交往的经验和技巧，从而你就可以平步青云，获得顺利的发展。

当然，也有一些别有用心的老职员，会利用你年纪轻、经验不足而在你身上占便宜，或者通过你获取一些不正当的利益。对此，你要小心警惕。你应在了解他们的品质以后再与他们共事。他们若是利欲熏心的人，你最好别和他们主动接触。

4.同事关系要服从于工作大局

同事关系和一般朋友关系、同学关系不一样，它要服从于工作顺利进行的大局，单位的利益目标才是最重要的。你如果及时提醒同事存在的偏差，他不仅不会责怪你，反而会感激你，因为你使他逃脱了一次批评。反之，他肯定会暗自埋怨你，认为你是故意要看他的笑话。当然，领导也会认为你没有及时发现并提醒同事存在的偏差，而看作是你的失职行为。所以说，为了工作，为了同事，为了你自己，当发现同事的工作出现失误偏差时，一定要婉转而及时地给他提出来。当然，也有的人会认为你是在炫耀自己，但他们也会很快明白过来的。

5.不要对同事工作的是非妄加评说

作为职员，最好不要对同事工作的是非妄加评说。出于对公司的负责和多年的工作经验，领导会对同事犯的错误比你看得更清楚，他自会做出适当处理，而不需要你指指点

点。如果你经常当着一位同事的面说另一位同事的坏话，那么，这位同事就会对你产生戒备心理。他在想，说不定什么时候你会当着别人的面说自己的坏话，久而久之，他就会渐渐地疏远你。

如果某位同事当着别人的面说你的坏话，你听到后怎么办呢？万不可对这位同事耿耿于怀，总想寻找机会报复他，这种做法是不明智的，也不利于你的工作。这时你需要宽宏大度的气量，宰相肚里能撑船，对一些流言蜚语，要学会坦然视之，必要时找那位同事私下里谈谈，以消除他对你的成见。

同事之间的关系，你不能希望它像姐妹之间那样亲密。同事关系是一种变化着的关系。你要冷静积极地看待同事关系，学会适应这些，以不变应万变，不要整天为好友对自己的背叛、同事对自己的欺骗而怨嗟感叹。

6. 对待同事，不要有高低贵贱之分

对同事不要区别对待。有时候，一个你认为很不起眼的人，说不定会对你的事业起到举足轻重的作用；一个本来默默无闻的小人物，很可能一夜之间成为你所在公司的主管。所以说，与公司里的同事相处，你要为人正直、热情大方、平等相处，尽量在同事中赢得一个好人缘。

当然，你不必求全责备，对谁都不敢得罪半点。为人做事也要有起码的原则，在同事向你提出过分的要求时，你要坚决地加以拒绝，而不要感到不好意思。如果你的拒绝是正当的，你大可不必瞻前顾后，为此而担心。对同事的帮助要尽心尽力，如果你根本帮不了同事，还不如婉言拒绝。这样既拒绝了同事的要求，又不会使对方难堪。

7. 下班时，要跟未离开的同事打招呼

下班后要离开办公室时，一定要和还在办公室的同事打个招呼。若是一声不响地自行离去，不仅会给人留下不好的印象，而且表明自己对工作不负责任。

离开办公室时，对还在工作的同事说声再见，原本是最基本的礼貌。但是，这只适用于关系比较密切的同事，对于上司，还要有礼貌地表示自己的敬意。

♥ 与上司相处的学问，你懂了吗

身为职业女性，与上司和睦相处，对你的身心健康、工作发展有着积极的影响。与上司相处应以维护上司形象、积极工作、关系适度为原则。

在职场中，很重要的就是和上司相处融洽，这样不仅有利于工作的完成，更是为了获得上司的理解和支持，为自己今后开展工作以及职务提升打下良好的基础，这是每一个职业女性都梦寐以求的事情。身为女性，如何在众多的员工中被上司慧眼识中，得到重用，这就要看你怎样发挥自己的优势，如何做出相当出色的表现了。

上司的信任重用与否，不仅是对你能力的肯定，更是对你的一种栽培。你也将因此而再上一层楼，对你的前途命运起着至关重要的影响。身为女性，如何与上司搞好关系，获得上司的欣赏、提升，而又能与异性上司保持适当的距离，让两人都感到轻松惬意，这其中有很多学问。

有的时候，上司需要提拔那些忠诚可靠但表现可能并不是那么出众的员工、下级，他认为这更有利于公司的利益和他的事业。所以，所有的上司都害怕下属欺骗自己，尤其是有关公司的资产、纪律、形象，更不容许有人侵犯。这就要求员工注意自己的一切言行。

绝大多数上司都是经过自己的努力奋斗，才取得了今天的成就。他们作为一个群体的领头人，都有着自己的原则，这些原则支持着他们开展工作。也许领导们各有不同的原则，但有一些行为肯定令他们不快。例如，深圳某公司的总经理说："如果我发现我的员工有兼职行为，我绝不会重用他，甚至会辞退他。因为我认为这是对公司和他本人的尊重。一心不能二用这是常识，公司需要一心一意的人。"

公司员工的行为是上司们评价下属的主要依据。如果员工在上班时处理私人事务，上司自然会感觉这样的人不够忠诚。在公司里更是这样，因为公司是讲求效益的地方，任何投入都是紧紧围绕着产出来进行的。上班时处理私人事务，无疑是在浪费公司的资源和时间。

自负是每个人与生俱来的，尤其是我们的上司，更容易在下意识中产生一种优越感。这是完全可以理解的。我们难道不也总是希望自己的构想一定比别人好吗？而让你接受他人的构想，就好像是放弃了自己的独立性，或默认对方比自己聪明一样。既然如此，如果你还是贸然地把你的构想推销给上司，那么，无论你的构想多么优秀，都会被扔进废纸箱，这只能使你枉费精力。

因此，你必须懂得一些技巧。

既然大部分人只愿意坚持自己的构想，那不妨间接一些，在上司一旁做些提示，或把构想的一些重点，"无意地"灌输到上司的思维中，让他以为这是他自己的构想，那自然好办得多。

不过，有些人曾有这样的疑问：这些方法虽然可以令上司接受自己的构想，但这对自己又有何益？其实这种想法是错误的，因为即使上司无意采用你的构想，但至少他会认为你是第一个具有这种优秀构想的人，你的智慧虽不如他，但差不到太远。日后若有提升的机会，自然你会作为首选人物。

你出力为上司完成重要的计划，取得出色的业绩，按理应获得称赞及奖励；你也许会认为自己有机会展现才华，自然会感到兴奋。不过，在这里提醒你不要太得意洋洋——你的上司当然未必会因你有功而打击报复你，但因你锋芒过于毕露、功高震主，不免容易将自己陷于危险的境地。

有人会因为自己为公司辛苦卖力，但成果被部门主管所占有而感到愤愤不平，其实你大可不必为此苦恼。退一步想想，你在公司的位置主要是协助你的主管工作，由他管理你，在公司高层领导的眼中，你部门做出的成绩，自然也是在部门主管领导下取得的成果。下属尽力完成上司指派的工作是分内之事，假如你硬要出风头，只会令人觉得你不自量力，不识大体而已。另一方面，领导与同事也会对你产生骄傲自满的印象，反而不利于自己的进步。

这种功成身退之道，其实是真正的以退为进。

张静和李悦是大学同学，毕业后又同在一个部门工作。每当张静向领导请示汇报工作时，总是面面俱到，生怕叫领导看出问题，挑出毛病。而李悦呢？有的时候丢三落四，因此领导经常对其进行一番具体批评指导。同一项工作，张静总是靠自己独立完成，而部门的其他人总是非常愿

意帮助李悦,甚至领导也不时地对李悦的工作予以指点。张静与李悦大学相处4年,对她非常了解。

在张静的印象中,李悦非常细心,而且具有很强的独立工作能力,真没想到会是现在这个样子。同事们非常喜欢和李悦交往,领导似乎并不因为李悦的粗心大意而不满,而且有什么问题还特别愿意找李悦商量,而对待张静则总是不冷不热。一来二去,李悦在办公室的地位不知不觉地有了提升,大有未来主管的趋势。而张静呢?尽管工作依旧十分努力,却总是无法得到领导的青睐,张静对此颇为不满,因此陷入了苦恼之中。

在现实生活中,你遇到的每个人,都会认为他在某些方面很优秀,而一个绝对可以赢得他欢心的方法,就是以不露声色的方法让他明白,他是个重要人物。因此你要想方设法地让他表现出他引以为荣的方面。在一般领导的意识中,自然认为自己要比下属高明,所以通过对下属的工作指导等来表明这一点。下属某些方面的不足,在上司看来是再正常不过的事了,因此他也十分愿意对下属指点一二,这样既展示了他的能力,又树立了他的权威。如果没有机会表现,对于他来讲,无疑是一件苦恼的事。这一切其实是很平常的。在生活中,这样的事情也太多了。

张静想把每一件工作做得尽善尽美,不让领导挑出一点毛病,主观上的动机是好的,但客观上却没有给领导留下发挥的余地。此举给领导的暗示可能是,拒绝承认领导比自己高明。要知道,领导总是会有办法证明自己比下属高明的。虽然未必会给张静穿小鞋,但不可否认的是,领导的心中是不会欣赏和接纳张静的。这揭示出人性的一个弱点,却是现实生活中常见的现象。

而李悦则深知其中奥秘,在领导面前总是有意识地显得有些不成熟,从而引得领导对其工作评头论足。而领导也由此充分展示了自己的才干,显示了比下属的高明之处。领导从中找到了感觉,自然也就愿意对李悦的工作加以关照。因此,李悦受到领导重视是自然而然的事情。

领导对其下属,既掌握权力,又需要树立一定的威信。为了完成上级下达的计划和任务,搞好本部门的工作是他的责任。他有组织、协调、分配指导的权利,因而需要不断地树立威信,而作为下属要在完成自己本职工作的同时,对部门领导的工作积极主动地加以配合。这样既满足了领导的愿望,又能从中学习到领导的长处,一举两得,何乐而不为。

♥ 学会刚柔相济,好做人好处世

做人处世若能刚柔相济,把方与圆的智慧结合起来,做到该方就方,该圆就圆,方到什么程度,圆到什么程度,都恰到好处,那就是方圆无碍了。

方与圆、刚与柔两者的含义具有内在的一致性。圆为和谐、变通、灵活性,体现了柔韧、柔弱的一面;方为个性、稳定、原则性,体现了刚直、刚强的一面。刚而能柔,这是用刚的方法;柔而能刚,这是用柔的方法。强而能弱,这是用强的方法;弱而能强,这是用弱的方法。在处理天下事时,有以刚取胜的,有以强取胜的;有以柔取胜的,也有以弱取胜的。做人亦同此理。

自然界中弱小者常靠柔韧的品性战胜强大者。天下之物莫柔于水，而攻坚强者莫之能先。雪压竹头低，地下欲沾泥；一轮红日起，依旧与天齐。飓风狂暴侵袭小草，小草只摇晃了一下身子，依然保持了生命的绿色。

人也如此。年轻时，孔子曾去求教老子，老子不跟孔子说话，只是张开嘴让孔子看。深奥的哲理不必用语言交流但却可以体悟。两位哲人心领神会张嘴而不说话的哲理：牙齿掉了，舌头还在。牙齿是硬的，舌头是软的，硬的东西因其刚强而死亡，软的东西因其柔弱而存在。所以人到老年，刚硬的牙齿不在了，而柔弱的舌头仍旧灵活自如。刚往往只是外表的强大，柔则常常是内在的优势。因此柔能克刚便成了一条辩证的法则。

刚直容易折断。曾有人这样说：方与严是待人的大弊病，圣人贤哲待人，只在于温柔敦厚。所以说广泛地爱护人民，这叫作和而不同。若只任凭他们凄凄凉凉，保持自身冷傲清高，如此，便是世间的一个障碍物。即使是持身方正，独立不拘，也还是不能济世的人才。充其量只能算一个性情正直、不肯同流合污的人士罢了。但是，只有柔又会怎样呢？倘若世界上只有柔，那就会成为可悲的柔弱，它就可任意扭曲，像一根在水里浸泡了许久的藤条一样。

刚与柔如鸟的两只翅膀，车子的两个轮子，缺一不可。只刚就容易方，只柔就容易圆。为人处世，最好是方圆并用，刚柔并济，这才是全面的方法，也是成功之道。如果一个人能刚而不能柔，能方而不能圆，能强而不能弱，能弱而不能强，能进而不能退，能退而不能进，那么他注定会失败，而此生也将永无翻身之日。

刚柔相济，大可以用来治理国家天下，小可以用来处世持身。聪明的拳击手常常以此取胜。中国的太极拳和日本的柔道也因此长盛不衰。晚清重臣曾国藩对此领略颇深，他说：做人的道理，刚柔互用，不可偏废。太柔就会萎靡，太刚就容易折断。但刚不是说要残暴严厉，只不过不要强矫而已。趋事赴公，就得强矫。争名逐利，就得谦退。所以他虽居在功名富贵的最高处，却能全身而归，全身而终。

做人处世若能刚柔相济，把方与圆的智慧结合起来，做到该方就方，该圆就圆，方到什么程度，圆到什么程度，都恰到好处，那就是方圆无碍了。方圆无碍，按现在的说法是原则性与灵活性的高度统一，这是一种最高级的战略，最高级的政策，也是为人处世最高级的方式、方法。要做到这一点，则需要高度的智慧和修养。

❤ 身边的"小人物"，当然不能忽视

在积极寻找身边的"贵人"、寻求"贵人"帮助的同时，更不能忽视身边"小人物"的作用，聪明的女人深谙此理。一些看似无足轻重的人物，在关键时刻，也许能帮上大忙，也有可能拦住你前进的道路。常言道"三十年河东，三十年河西"，今天的小人物难保日后不会时来运转，成为炙手可热的红人。

清朝雍正皇帝在位时，按察使王士俊被派到河东做官，离开京城时，大学士张廷玉推荐了一个用人给他。到任后，此人办事老练、谨慎，时间一长，王士俊很看重他，把他当作心腹使用。

王士俊任期满后准备回京城。这个用人忽然要求告辞离去。王士俊非常奇怪，问他为什么要这样做。那人回答："我是皇上的侍卫。皇上叫我跟着您，您几年来做官，没有什么大差错。我先行一步回京城去禀报皇上，替您先说几句好话。"王士俊听后吓坏了，幸亏自己没有亏待过这人，要是对他有不善之举，可能小命就保不住了。

这个例子告诉年轻的女人们，不可轻视身边的那些"小人物"，跟他们搞好关系非常重要。这些人平时不显山不露水，但到了关键时刻，说不定就会成为左右大局、决定生死的"重磅炸弹"。

所以，平常无论是说话还是办事，一定要记住：把鲜花送给身边所有的人，包括你心目中的"小人物"。不要总是表现出高人一等的样子，要知道，再有能力的人也不可能把所有的事情都办好，再优秀的篮球运动员也不可能一个人赢得整场比赛。在经营管理中，人至关重要，有了人才能带来效益。俗话说：不走的路走三回，不用的人用三次。说不定，有一天，你心目中的"小人物"会在关键时刻成为影响你前程和命运的"大人物"。

常言道：深山藏虎豹，田野隐麒麟。一百个朋友不算多，冤家一个就不少，越是小河沟越会翻大船。在芸芸众生中，有能够在关键时刻助你成功的"贵人"，也有陷你于困境的"小人"。所以，擅长处理人际关系的女人，要随时随地广泛交往，重视身边的"小人物"，多结善缘才行。

对于"小人物"不要轻易得罪，不要与他们发生正面冲突，要学会与"小人物"交朋友。俗话说，"多个朋友多条路"。不要用实用主义的观点去处理与"小人物"的关系，应记住：你平时花在"小人物"身上的精力、时间都是具有长远效益的。在不久后的某一天，也许就在明天，你将得到加倍的报答。

♥ 巧借贵人力量，蹭蹭地往上走

"借助贵人的力量往上走"，这是雅芳CEO钟彬娴——全球最成功的华裔女性的成功经验。《时代》杂志曾评选出了全球最有影响力的25位商界领袖，钟彬娴是唯一入选的华人女性，她的成功之路被认为是一个奇迹，而奇迹中蕴含的奥秘看起来真的很简单。

1979年，一无背景、二无后台的钟彬娴以优异的成绩从普林斯顿大学毕业。为了以后对学习法律有帮助，她决定在零售业锻炼一段时间。在她看来，零售业的经历可以培养她的悟性，锻炼自己的脸皮与耐性。于是她加入了鲁明岱百货公司，成为了一名管理培训人员。

钟彬娴的家族都是专业人士，唯独她一个人入了零售行业。因此，当她与客户打交道时，体会到了工作的艰辛。但她没有放弃，而是决心在工作中开拓自己的人脉。

幸运的是，在鲁明岱百货公司，钟彬娴遇到了公司首位女副总裁万斯。此人自信机智，讲话清晰有力，进取心强烈，是女人中的精英。钟彬娴为了向万斯学习丰富的工作经验和技巧，像对待老朋友一样对待万斯，用心来交流，用真诚来互动，并很快取得其信任，让她心甘情愿充当自己的职业领路人。

"有些人只等着机会来临，"钟彬娴说，"我不这

样,我建议人们要抓住能带你飞翔的人的翅膀。"在万斯的帮助下,钟彬娴很快成为销售规划经理、内衣部副总裁。

后来,钟彬娴开始兼任有着110多年直销历史的雅芳公司的顾问。在雅芳,钟彬娴卓越的才华和超绝的人脉拓展能力吸引了雅芳CEO普雷斯的注意力。7个月后,钟彬娴正式加盟雅芳公司。后来,钟彬娴很快便在雅芳拥有了自己的人脉资源,并以卓越的管理才能获得普雷斯的认可,与之结为好友。

一个没有任何背景的女性,能有如此令人羡慕的成就,这不能不说是一个奇迹。而钟彬娴成功的关键就在于善于建立自己的人脉,找对了自己职业生涯中的关键人物。

生活中,每个人的精力和交际范围都很有限,如何在有限的交际中获得无限大的收益呢?其实生命中,20%的付出将产生80%的回报(其余80%的付出却只收获20%的回报);20%的人际,会对你的一生造成80%的影响。因此,让80%的人喜欢你,避开20%不必交的、不可交的人。

此外,在80%的人中包括了对你非常重要的20%的人,你应该和他们建立亲密的关系和深厚的感情。赢得家人的喜欢,增进和他们的感情,因为他们关乎你的成长和生活;多和学习、工作中的关键人物沟通,因为他们能帮助你顺利从业、愉快工作、寻求发展,这些关乎你一生的成就;和能深入你心灵的朋友多多联系,这关乎你的性情和性格……

俗话说:七分努力,三分机运。我们一直相信"爱拼才会赢",但偏偏有些人付出的努力和最终的结局无法成正比。究其原因,是缺少贵人相助所致。在向事业高峰攀登的过程中,贵人相助绝对是不可缺少的一个环节。有贵人相助,可以使你尽快地取得成功,甚至可以使你飞黄腾达、扶摇直上。

第十章 玩转职场,做个成熟的女人

第十一章 精通交际,做个受欢迎的女人

♥ 友善帮你跨越对方心灵的防线

林肯总统曾经说过:"一滴蜜,要比一加仑的胆汁能招引更多的苍蝇。"其实人也是一样的,如果你想赢得对方的心,首先就要敞开自己的心扉,友善地对待对方。这样,就像有一滴蜂蜜吸引住了他的心,从而开辟出一条坦然大道,让你走进他的内心深处。

几年前,在卡耐基开办的培训课上,卡耐基的一位女学员对他说:"卡耐基先生,我希望自己能够交到很多好朋友,但是事与愿违,我周围的人对我总是凶巴巴的,我真不清楚这是怎么回事。"

卡耐基当时没说什么,只是给她讲了下面这篇寓言:

有一天,风和太阳争论谁的力量更大,双方争论了很长时间,互不服气。后来风看到一个穿外套的老头,便对太阳说:"你敢不敢和我打赌,看看咱俩谁能更快地让那个老头把外套脱下来。"太阳想了想,同意了风的提议。

风马上鼓足劲,对着老头使劲地吹,希望能够把老头的外套吹下来。但是事与愿违,老头感觉浑身发冷,把外套裹得更紧了。后来风吹累了,只能停下来。这时候,太阳从后面走出来了,用自己的阳光暖洋洋地照在老头身上。过了一会儿,老头开始擦汗,并且把外套脱了下来。太阳对风说:"温和、友善永远胜于激烈和狂暴。"

这篇寓言出自伊索的笔下。伊索是个希腊的奴隶,但是他深刻洞察人性,并且教给我们很多有关人性的真理。从这篇寓言可以看出,粗鲁和狂暴是不能赢得人心的,我们只有温和、友善地对待他人,才能获得他人的好感,从而让对方打开自己的心扉。如果我们总觉得别人对待自己不友好,埋怨对方是没有用的。我们首先要做的,就是反思自己,看看自己是不是温和、友好地对待他人。

下面这个故事,就说明了这个道理。

史特劳先生是一名非常出色的工程师。他在工作的城市租了一所公寓,房租有些高。史特劳先生希望房东能够减低房租,于是他给房东写了一封信,告诉房东等租约一到期,他就要搬出这所公寓——其实他并不是真的想搬出这所公寓,他只是想让房东减低房租。其他房客告诉史特劳,这个招数并不管用,因为房东是一个铁面无情、很难应付的人。很多房客都因为房租的问题和房东理论过,甚至争吵了起来,但是没有一个人能够达成自己的愿望。所以,他们劝说史特劳先生不用尝试了,因为要让房东减低房租,根本就是不可能的事情。

当时史特劳先生正在学习一门处世训练的课程，因此决定试一试，也看看自己学习的效果。

第二天，房东一接到信后就去找史特劳先生。史特劳先生当时正在门口，看到房东后，马上和他打招呼，并且热忱地问候他。把房东请到屋里后，史特劳先生没有提房租的事，而是把房东恭维一番，说他非常懂得管理房子。接着，史特劳先生告诉房东，他非常喜欢这里，如果不是因为付不起房租的话，他会一直住下去。

房东听到这些话，非常激动地对史特劳先生说："你真是我遇到的最好的房客。有些房客整天找我的麻烦，不是抱怨这里就是抱怨那里，还有的房客给我写了很多信，里面尽是些侮辱的语言。遇到你这样的房客，真的让我松了一口气。"

史特劳先生根本没提减低房租的事，但是房东主动就提到了这个问题："史特劳先生，我希望你在这里住下去，你认为你一个月可以付给我多少房租呢？"史特劳先生说出了一个合理的数字，房东不假思索就答应下来了。

在房东准备离开的时候，他又转过身，非常关心地对史特劳先生说："房子有没有什么需要装修的，如果有的话，请告诉我。"

如果史特劳先生当时也用别人的方法要求减低房租，那么他遇到的下场也会和其他的房客一样。而现在史特劳先生达到了自己的要求，这就是友善、同情以及赞赏所能产生的力量！的确，你友善地对待别人，别人才会友善地对待你；你对别人敞开心扉，别人才会对你敞开心扉。

对于这一点，著名律师丹尼尔·韦伯斯特是非常明白的。尽管他的荣誉已经非常高,但是他在法庭上辩论的时候仍是使用那些温和的字眼。如果你看过他的辩论,你会发现他经常会使用这样的词语:"这些有待陪审团的考虑""这里面的一些事实,相信您没有疏忽掉""这也许非常值得我们深思"……这些话语,都是非常平静温和的,没有一丝一毫的强迫意思。也正是通过这样的方式,韦伯斯特给人的印象是温和而又不失威严的——这也是韦伯斯特获得成功的最大助力。

各位女士,如果你想结交到很多朋友,想被别人接受和喜欢,那么从今天起,去友善地对待你身边的人吧!通过这样的方式,你会慢慢发现,你的人际关系更融洽了,朋友也更多了!

❤ 揭开收获友谊的秘密

我们如果想获得爱,就要首先付出爱;如果想获得友谊,就要友好地对待他人;如果想吸引别人,就要首先表示对他人有兴趣。其实在我们每个人的心里面,都渴望交到朋友,因为友谊是世界上最宝贵的财富。一个有很多朋友的人,不仅生活得很愉快,在事业上也会得到很多帮助。而一个人如果没有朋友,生活就会非常孤单、寂寞。

虽然我们每个人都有这种美好的愿望,但是为什么有些人交不到朋友呢?这是因为很多人不够主动,只等着别人来讨好自己。其实这种想法是错误的,别人凭什么要对你感兴趣呢?你如果不能拿出别人想要的东西,对方肯定不愿意和你交往。

中国的大思想家孔子说过:"不患人之不己知,患其不能也。"这句话是非常有道理的。我们要想获得别人的友情,就要甩掉包袱,不要担心别人不喜欢自己,也不要认为自己付出太多。只要这样做,你就能够交到很多朋友了。

让我们来看看下面两个例子吧。

玛丽安·安德森是著名的歌唱家。有一段时间,她因为深陷失败、心情颓丧而难以自拔,甚至觉得以后再也不能唱歌了。

有一天,她非常苦恼地对妈妈说:"妈妈,我渴望追求完美,也希望大家能够爱我。"

她的母亲非常郑重地对她说:"孩子,你有一个非常伟大的目标。但是,即使是我们最完美的主,也不能凭空赢得大家的爱。孩子,你要记住,恩宠是永远位于伟大之前的。"

玛丽安·安德森深深地记住了母亲的话。从那以后,她积极主动地去交朋友,后来她交到了很多知心朋友,心情也变得好多了。她又重新开始了歌唱事业,并且达到了事业的巅峰。

艾伦·布恩是一位好莱坞明星,他演过一部喜剧叫做《狗明星"强心"》。在拍摄影片的过程中,艾伦·布恩仔细地观察了那条叫做"强心"的狗。根据他的观察,他学到了不少东西,并且写了一本《给"强心"的信》的书,结果极为畅销。

据艾伦·布恩介绍,"强心"是一只非常了不起的狗。在拍电影的过程中,它总是非常愉快地执行大家的命令。更难得的是,它从来不计较别人的报酬,而是享受和大家一起做事所带来的快乐。布恩发现,有很多次,"强心"纯粹是为了自身的乐趣而表演。正因为这样,大家都非常喜欢它。

在这本书里,艾伦·布恩还提到了一位喜欢跳舞的女孩子。但是当她和艾伦·布恩第一次试跳的时候,她非常紧张,腿一直抖个不停。于是,艾伦·布恩轻声鼓励她说:"你不要在意结果,你就把这次表演当作自己的乐趣,你是在为上帝而跳。"结果那个女孩的心态马上就发生了变化,非常出色地完成了自己的表演。

看了上面的内容,也许有人会说:"你不是要讲怎样才能交到朋友吗?怎么讲到了表演上面,您可是跑题了。"各位女士,刚才我们提到"强心"以及那位女孩的例子,就是想告诉大家,当你不在意结果、不在意别人是否喜欢你的时候,你反而能够获得友谊。除了要积极主动外,你还要真诚地对待他人。一位哲学家曾经说过:"我们要想获得爱,就要首先付出爱;如果想获得友谊,就要友好地对待他人;如果想吸引别人,就要首先表示对他人有兴趣。"这些话是非常有道理的,它们在卡耐基的好朋友荷马·格罗伊身上得到了很好的验证。

荷马·格罗伊是一位作家,也是卡耐基的好朋友。他的人缘非常好,无论是大人、小孩、男人、女人,只要和他交谈15分钟,马上就会成为他的朋友。虽然荷马·格罗伊如此受人欢迎,但是他说出来的交友秘诀却非常地简单,那就是真诚地爱别人。在他看来,对方是什么身份、什么地位、做什么工作都无关紧要,他都平等地对待。

当荷马·格罗伊和陌生人相遇的时候,他马上就能和对方成为朋友。卡耐基就亲眼见过一些玩世不恭的人，在和格罗伊聊过天之后，马上变得非常开心，就像花儿见到阳光一样。这就如约瑟夫·格格大使所说的那样："外交的秘密就四个字——我喜欢你。"

看完荷马·格罗伊的例子，我们应该明白了，要想交到朋友，就要积极主动，不要在意结果，并且真诚友善地对待对方。而这些，就是获得友谊的全部秘密。

对待朋友，请多给一份关心

"当你关心我们的时候，我们也在关心你。"一个人只有懂得付出，才会有回报，才会交到真正的朋友。如果我们想获得友谊，想交朋友，我们就要学会关心别人，为别人多做点事情。

几年前，纽约电话公司曾经做过一项调查，看看哪一个字是大家最常用的。结果调查表明这个字就是"我"字。在500次通话中，"我"字大约被用了3900次。

的确，我们大多数人都想强调自我。当我们看到一张自己和别人的团体照时，我们最先注意的那个人肯定是自己。如果我们想结交到真正的朋友，就要学会真诚地关心别人。

几年前，卡耐基在布鲁克文理学院讲授"小说写作"的课程时，他非常希望能够请来一些知名的作家，来给他的学生传授一些写作上的经验。于是，卡耐基给他们写了信。在那些信中，卡耐基让所有学生都签了名。卡耐基知道，那些作家们都非常忙。为了节省他们的时间，卡耐基让学生在信封中附上了一些大家感兴趣的问题。结果这些作家很高兴地接受了这样的安排,并且都爽快地答应了他们的请求。后来他们中很多人都成了卡耐基的朋友。

也是通过这样的方法,他们还请来了罗斯福总统内阁的财政部长莱斯礼·肖,塔夫脱总统时期的司法部长威廉·扎宁斯等人。他们都接受了卡耐基的邀请,并且到课堂上为卡耐基的学生们公开演讲。

如果我们想获得友谊,想交朋友,我们就要学会关心别人,为别人做点事情。当然,这是需要花费时间和精力的。正因为如此,很多人不愿意付出,很少去关心别人。各位女士,我们一定要记住罗马诗人帕利理亚斯·塞洛斯说过的话:"当你关心我们的时候,我们也在关心你。"这句话告诉我们,一个人只有懂得付出,才会有回报,才会交到真正的朋友。

其实,多关心别人,不仅可以让你交到真诚的朋友,对你的事业也会有很大帮助。下面有关爱德华·塞克斯先生的例子就说明了这点。

塞克斯先生是一名推销员,代表强生公司在麻省一带拜访客户。在兴罕地带,有一家杂货店也是他的客户。每次去店里的时候,他都要和柜台的职员闲聊几句,然后才去见杂货店的老板。正因为如此,这家小店的职员都非常喜欢他。

有一天,杂货店的老板告诉他,他们不再买强生公司的货了。因为强生公司很多的活动都是针对食品市场以及廉价商店而设的,这对杂货店的伤害是非常大的。当时塞克斯先生非常失望,只能垂头丧气地离开这里。在回去的路上,

他觉得自己应该向店主解释一下公司的情况，哪怕他真的不再购买强生公司的产品，解释一番也是必要的。

于是，他又回到这家杂货店。当进店里的时候，他和往常一样，和每一位店员亲热地打招呼，然后才去见杂货店的老板。让他想不到的是，店主满面笑容地欢迎他，并且比平时多订了一倍的货。塞克斯先生非常惊讶，忙问发生了什么事。店主指着外面一个卖饮料的男孩说："当你离开之后，他过来告诉我，说你每次进来的时候都要和他们打招呼，是一个热情、友善的人，也是一个值得交往的人。我想了想，同意了他的看法。"

从那以后，塞克斯先生和杂货店的老板成了好朋友，在生意上一直有往来。

从上面的事例可以看出，正是因为塞克斯先生懂得关心别人，才会有人替他说好话，从而让他保住了自己的客户。各位女士，如果你想改善自己的人际关系，想交更多的朋友，那么就开始学着关心别人吧。这样，你会发现自己的朋友会越来越多，你也会更加受到别人的欢迎。

❤ 教你如何抓住别人的心

在现实生活中，当我们和别人谈话的时候，一定要谈论别人感兴趣的话题。这样，你就可以交到很多朋友，并且能获得大家的喜爱和欢迎。

在和一些女性的接触中，卡耐基发现女人非常在乎别人的评价，都希望自己能够受到他人的喜爱和欢迎。但是怎样才能让不同的人喜欢和欢迎自己呢？卡耐基认为，罗斯福总统或许能够给我们一些启示。

罗斯福总统在接待一个人之前,会花一晚上的时间研究这个人特别感兴趣的东西,以便找到对方感兴趣的话题。因为罗斯福总统的知识非常渊博,所以无论是接待牧童、猎骑者还是纽约的政客,他都能找到对方感兴趣的话题,从而让双方的谈话非常愉快。

各位女士,现在,你们知道怎样才能让别人喜欢和欢迎自己了吧。不错,那就是迎合对方的兴趣。这样做,就可以抓住对方的心,让他们对你产生好感。

费尔普以前是耶鲁大学的教授,他在很小的时候就明白了这个道理。

"那个时候我只有8岁,有一个周末,我去姑母家玩。"费尔普在一篇文章中写道:有一天,一个中年人来姑母家拜访,他和姑母寒暄过后,便将注意力集中到我的身上。那个时候,我正对帆船感兴趣。而那个中年人似乎也对帆船非常感兴趣,我们两个人便非常愉快地交谈起来。他走后,我对姑母说:"这个人真是太好了,他和我一样,都对帆船感兴趣!"但是姑母却告诉我,这个中年人是一个律师,对帆船根本没有兴趣。我有些不相信,问姑母:"他既然对帆船没有兴趣,为什么始终和我谈论帆船呢?"

姑母对我说:"那是因为他是一个高尚的人,他看你对帆船感兴趣,想让你高兴,就始终和你谈论这件事。当然,他这样做也能够让自己受到欢迎,你不是就很喜欢他吗?"

费尔普在文章的最后说:"我始终记住了姑母的话,并且知道了如何让自己受到他人的欢迎。"其实不仅仅是费

尔普,我们每个人都应该从中受到启示。

各位女士,学会迎合别人的兴趣不仅能够让你更受欢迎,还能够让你在求人办事的时候更容易获得成功。下面让我们看看这个例子:

杜佛诺先生是一家面包公司的老板。他想把自己公司生产的面包卖给纽约的一家旅馆。4年来,他每星期都去拜访这家旅馆的老板,甚至还在那家旅馆开了房间,但是这家旅店的老板始终没有答应他的要求。

后来,杜佛诺先生认识到:要让对方答应自己的要求,就先要让对方喜欢自己;而要想让对方喜欢自己,就要找出对方的兴趣点,并把这些作为交谈的内容。

杜佛诺先生后来知道,这位老板是美国旅店招待员协会的会员,并且希望成为该协会的会长,甚至希望成为国际招待员协会的会长。第二天,杜佛诺先生一见到这位老板,就开始谈招待员协会的事。果然,这引起了这位旅店老板的兴趣,他滔滔不绝地和杜佛诺先生谈论了半个多小时,并且邀请杜佛诺先生也加入这个协会。

这次谈话,杜佛诺先生根本没有谈面包的事,但是仅仅过了几天,这家旅馆的一位负责人就给杜佛诺先生打了电话,让他带着样货以及价目表过去。

杜佛诺先生花了4年都没办成的事情,为什么这次只花了半个多小时就办成了?这是因为他找到了对方的兴趣点,搔到了对方的痒处。所以,当我们让别人帮忙办事的时候,应该去迎合对方的兴趣,对方一高兴,你的要求对方也就会答应了。

各位女士,我想你们都遇到过这样的情况:当和别人谈到自己感兴趣的事时，内心会非常兴奋，有一种强烈的表达欲望，其实别人跟你一样，当你谈到他感兴趣的事情时，他也会变得兴奋，表达欲望也非常强烈。所以，如果你能让他的欲望得到满足，他会非常感谢你，从而对你产生好感。

但是在现实生活中，很多女性只顾表达自己，而不去观察和迎合别人的兴趣。这是一种不好的习惯，会让你丧失很多的朋友。所以，各位女士，当你和别人谈话的时候，一定要谈别人感兴趣的话题。这样，你就可以交到很多朋友，并且获得大家的喜爱和欢迎。

♥ 与其指责，不如建议与鼓励

建议和鼓励比批评指责更能发挥威力。过多的指责只会让对方产生抵触情绪，而不是把心思花在改正错误方面。而鼓励和建议是不同的，它们是具有建设性的，能够给人力量和信心，从而快速地改掉自己的错误。

在3年前，卡耐基的侄女乔瑟芬·卡耐基担任他的秘书。当时她只有19岁，没上过大学，也没有任何工作经验。在刚开始工作的时候，她经常犯错误，惹得卡耐基很生气。因此，卡耐基常常指责她。但是卡耐基的指责并没有起到很好的效果，同一个错误，她会犯很多次。

有一天，她又犯了一个错误，卡耐基刚想指责她，但是最终却没有说出口。卡耐基想了想，对自己说："戴尔·卡耐基，等一下。你的年纪几乎是乔瑟芬的两倍，做事经验更是要多出好几倍，你怎么能够要求她像你一样呢？更

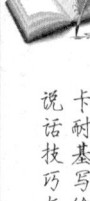

何况,你也不是十分出色啊。还有,你在19岁的时候还比不上乔瑟芬呢!"一想到这里,卡耐基便没有责备乔瑟芬,而是对她说:"乔瑟芬,我在年轻的时候也经常犯这样的错误,我实在没有什么资格批评你。不过,我的年纪大,经验比你丰富,依我的经验,你这样做是不对的。"接着,卡耐基开始告诉她应该怎么做,结果很快她就改正了自己的错误,并且没有再犯同样的错误。

各位女士,我不知道你们是否和我一样,也有指责别人的习惯。如果有,那就马上改掉它。和鼓励及建议比起来,指责的力量要小得多,并且别人不愿意接受。所以,各位女士,我们不要总是指责他人,而是在他人犯错误的时候,给他们建议和鼓励,这样做,才能够发挥好的效果。

下面,让我们看看加拿大工程师迪利斯通是如何帮助他的下属改正错误的。

在工作中,迪利斯通发现自己的秘书经常把口述的信件拼错,几乎在每一页文件里,都有3~4个错别字。这让迪利斯通很生气,他常常指出秘书的错误,但是他的秘书依然我行我素,没有一点改进的意思。

后来,迪利斯通改变了自己的方式,当他发现秘书拼错字的时候,他不再指责她,而是坐到她的旁边,非常耐心地对她说:"我在工作的时候也经常拼错字,不过,我有一个习惯:我准备了一个小本子,每当我发现自己写错字的时候,我就把这个错字记在小本子上,并且时常翻一翻。现在,我已经很少拼错字了。做我们这一行,对拼写要求非常严格,如果在我们的文件中常常发现错字,别人就会说我们不够内行。"停顿一下,他接着对女秘书说:"我相信你能把这份工作做得非常出色。"

通过劝说，女秘书采用了迪利斯通推荐的方法，真的准备了一个错字簿，并且在拼写的时候更加用心。在这之后，她拼写的信件里面很少看到错别字了。

从上面的事例可以看出，建议和鼓励比批评指责更能发挥威力。过多的指责只会让对方产生抵触情绪，而不是把心思花在改正错误方面。而鼓励和建议是不同的，它们是具有建设性的，能够给人力量和信心，从而快速地改掉自己的错误。所以，各位女士，我们不要动不动就指责别人，而是要多鼓励别人，并且多给他们建议。

下面让我们来看看克莱伦斯·泽休森的例子，他也是通过这样的方法来改正儿子的坏习惯的。

有一天，克莱伦斯·泽休森发现15岁的儿子正在学着抽烟。当时他有些生气，但是他没有指责儿子，而是对儿子说："大卫，我在你这个年纪的时候也开始学着抽烟，慢慢地染上了烟瘾，直到现在，我也没有把抽烟的坏习惯戒掉。你看，我常常咳嗽，这都是因为抽烟引起的。如果你抽上两年，你的情况会和我一样。"

大卫想了一阵子，决定在高中毕业前暂不抽烟。好多年过去了，大卫一直没有抽过烟，也没有想抽的意思。

各位女士，看了克莱伦斯·泽休森的例子，你们也许明白了，建议和鼓励比指责更有效果。我们每个人都不喜欢受别人指责，也不希望在他人面前失去面子。所以，各位女士，如果我们发现别人犯下了错误，不要马上跳出来指责对方，而是要给对方一些鼓励以及建议。这样，对方会心甘情愿地听你的话，而你也达到了自己的目的。

❤ 巧用妙招，让别人接受自己的意见

我们若总想向别人滔滔不绝地表达自己的意见，总想把自己的想法和意见强加给别人，这样做是不对的。每个人都有自己的想法，都想按照自己的意愿去说话做事。如果我们总想把自己的意愿强加给别人，对方不仅不会接受，甚至还会产生反感的情绪。

韦森先生是一名设计人员，他将自己设计好的草图卖给服装设计师或者生产商。3年来，他每星期都要到纽约拜访一位知名的服装设计师，希望把自己的产品卖给他。那位服装设计师从来没有拒绝过他，但是每次看完他的草图，都会对他说："真对不起，韦森先生，你设计的产品并不是我需要的。"

韦森先生在经历了150次失败之后，觉得自己应该换一种做法。他冥思苦想了好一阵，终于想到了一个好办法。第二天，他带着几张没有完成的草图，去见那位服装设计师。等见到他之后，韦森先生说："我想请您帮我一个小忙，我这里有几张没有完成的草图，您能不能帮我把它们完成，以更加符合你们的要求。"设计师什么话也没说，看了一眼那些草图，对韦森先生说："你把这些草图放在桌子上吧，过些天再来找我。"

过了3天，韦森先生再去见那位设计师，并且认真地倾听了他的意见。然后，他把那些草图带回工作室，按照设计师的意见把它们完成。结果他再次推销自己的设计草图时，这些草图都被买了下来。事后，韦森先生说："我一直想把我的产品推销给他，这样做是不对的。后来，我让他参与设计，他自己就成了设计者，是他用钱买了自己设计的东西。"

各位女士，看完上面韦森先生这个事例你们有什么感触呢？其实，这个事例是能够给我们很多启示的：在生活中，我们总是在滔滔不绝地表达着自己的意见，总想把自己的想法和意见强加给别人。这样做其实是不对的。我们每个人都有自己的想法，都按照自己的意愿去说话、做事、购买东西。如果我们总想把自己的意愿强加给别人，对方不仅不会接受，甚至还会产生反感的情绪。在教育小孩的时候，我们大概都遇到过这样的情况：我们让小孩做一件事，但是他们就是不同意，又吵又闹的。这就是因为他们不喜欢做这件事，而你把自己的意愿强加给了他。其实无论是大人还是小孩，都不喜欢被强迫。所以，我们千万不能把自己的意见强加给别人。

也许有的女士会问："既然不能把自己的意见强加给别人，那么我们应该怎样去发表自己的意见呢？并且怎样才能让他们高高兴兴地接受我们的意见呢？"

其实要做到这一点也很容易，那就是先征询对方的意见，然后让他们觉得这是他们自己的想法。下面这个事例，就说明了这个道理。

L先生是一位非常著名的医师，在纽约布鲁克林区的一家大医院工作。前一段时间，这家医院要增添一套X光设备，许多厂商都闻风而动，纷纷前来推销自己的产品。这让L先生不胜其烦，所以每当有厂商来推销自己的商品的时候，他都一概回绝。

但是有一家制造厂却想出了一个非常好的办法。他给L先生写了一封信，内容如下：

"亲爱的L先生，我们公司刚刚引进了一套X光设备，还是刚刚运到公司的呢。因为这套设备还不是尽善尽美，所以我们希望找一位专家进行调试，并且对它进行改良。因为您是这方面的专家，所以，我们希望您能指教我们一下。我们知道您非常忙，为了不耽误您的工作，请您随时和我们联系，我们会派人开车去接您。"

L先生接到这封信后非常惊讶，感觉自己受到了尊重，因为以前从没有人咨询过他的意见。虽然他每天都非常忙，但是还是抽出了星期天的时间，到那家公司去指导他们。经过他的指导，那家公司对这套设备进行了改良，从而让L先生对这套设备产生了莫大的好感，最后，那家公司根本没有向他兜售，他就向医院建议买下了这套设备。

其实我们每个人都希望受到别人的尊重，并且希望别人征询我们的意见。所以，当我们在向别人提出我们的意见时，不要把它们强加于对方，而是要想出一个更好的方法让对方接受。上面这家公司就想出了一个非常好的方法，他们首先向L医师咨询意见，并且按照他的意见改进这套X光设备。这样，他们就把自己的意愿变成了L医师的，最后L医师自然会买下这套设备。

有一个夏天，卡耐基想到新布朗斯克威克去钓鱼划船，便写信给旅游公司索取资料。结果很多旅游公司都给我邮寄了印刷品以及大量的资料。当时简直让卡耐基有些眼花缭乱，不知道选择哪一个更好。但是有一家旅游公司非常聪明，他们给卡耐基寄来了一封信，上面附了很多姓名以及电话号码，都是参加过他们旅游团的人。他让卡耐基打电话问这些人，便可以详细地知道他们的服务了。非常巧合，卡耐基在名单中发现了一个朋友的名字，便给他打电话，向他了解一些情况。卡耐基的朋友告诉他，这家旅游公司的服务非常棒，于是卡耐基就马上选择了这一家。

中国有一位圣人叫做老子，他曾经说过："江海之所以能成为天下百川归顺的君王，是因为江海地位低下，而能够容纳百谷所流出之水。圣人若想居上位，必须在言辞及态度上要谦虚；若想领导人民，必须谦卑地为人民服务。这样做，他才不会劳民伤财。因为他不跟任何人争论，所以没有人能够争得过他。"老子所说的话是非常有道理的，我们只有尊敬别人，不把自己的意见强加给对方，才能够影响到对方，让他们从内心来接受我们的意见。

❤ 艺术的批评，才不会惹人反感

批评和赞赏一样，都是一种能够让人进步的方法。但和赞赏不同的是，批评别人更要讲究艺术，这样，才能让它的功效充分发挥出来，而不是起到消极的作用。所以，我们在批评别人的时候一定要间接且委婉。

有一次，卡耐基的一位女学员和他谈起教育孩子的问题。她对卡耐基说："我的儿子非常不喜欢接受批评，每次我批评他，他都要半天不高兴。但是我若不批评他，他就不能改正错误，也就不能获得进步。卡耐基先生，你说我该怎么做呢？"

卡耐基对这位女学员说："你在指出孩子的错误时，

一定要间接、委婉,这样,孩子才能够接受你的批评。"

这位女学员说:"我感觉我已经非常委婉了,比如我想改变儿子漫不经心的学习态度,我会说:'杰克,你最近一段时间学习进步了。但是,你应该在代数方面下功夫,如果你的代数加强了,那就更好了。'这样说,难道还不够委婉吗?"

的确,这位女士先指出儿子的进步再对儿子提出批评,这已经非常委婉了,可她仍然犯了一个错误,那就是不应该使用"但是"两个字。这样做,会让原本欢欣鼓舞的杰克心中一冷,甚至会怀疑原来的赞美之词。对他来说,赞美是批评的前奏,这样不仅让原来的赞美之词大打折扣,对于矫正他的学习态度也不会有帮助。

其实这位女士只要改动几个字,情形就会有所改观。她可以对自己的儿子说:"杰克,最近一段时间你的学习进步了,我和你父亲都非常高兴。如果你在数学方面下下功夫,下次你取得的进步将会更大。"这样,杰克就会接受妈妈的赞美了,因为这里面没有附加转折。同时,也提到了应该注意的事项,他也知道了如何改进以获取更大的进步。

其实不仅是孩子,对于大多数人来说,都不喜欢被批评。所以,各位女士,当我们批评别人的时候,一定要间接、委婉,这样才不至于引起对方的反感,并且能让对方欣然接受我们的意见。下面,让我们来看看贾克布太太的事例,看看她是如何聪明地批评别人的。

贾克布太太要装修房子,因此她请来了十几个建筑工人,每天从早晨一直忙到晚上。刚开始几天,她每次下班回家,都发现院子里乱七八糟的,满地都是碎木屑。当时贾克布太太非常生气，因为要把院子打扫干净，需要好长时间。贾克布太太想批评他们几句，但是想了一下，感觉这样不太好，因为这些建筑工人非常出色，批评他们会引起他们的反感，以后就可能不好好工作了。因此，贾克布太太忍住了心中的不满，决定采用另外一个方法。

贾克布太太等工人们离开之后，和几个孩子把院子打扫得干干净净，并且把那些碎木屑全部扫到了一个角落里。第二天，她把这些工人的带头人叫到了一旁，对他说："我非常感谢你们，昨天你们把我的院子打扫得干干净净，因此没有惹得邻居们说闲话。"从那以后，每天收工的时候，这些工人都会把贾克布太太的院子打扫得干干净净，再也没有出现过以前的情况。

从上面的事例可以看出，贾克布太太采用了一个非常聪明的方法——她间接指出了这些建筑工人的错误，既没有引起他们的不满，同时又如了自己的愿。所以，各位女士，在批评别人的时候，我们也要间接地指出别人的错误，这样才能收到一个非常理想的效果，从而让自己的话说到对方心里去。查理·夏布的例子也说明了这一点。

有一天，查理·夏布到自己管理的一家钢铁厂视察，发现很多男性雇员都在抽烟，而在他们头顶的上方，就挂着一个警示牌，上面写着"请勿吸烟"。当时夏布先生没有疾言厉色地批评自己的雇员，而是走到他们面前，从口袋里拿出一盒烟，递给他们每人一支，对他们说："兄弟们，如果你们能够到外边去抽烟，我会非常感谢你们的。"那些雇员知道自己违反了公司的规定，但是夏布先生不仅没有责骂他们，反而给他们每个人一件"小礼物"，因此非常感动。从

那以后,再也没有人违反过公司的规定。

从夏布先生的事例可以看出,在批评别人的时候,一定要采用一个温和的方式。这样才能让对方保住面子,从而不仅对你充满感激,也会认识到自己的错误。如果你疾言厉色地责备对方一顿,对方只会和你怄气,而对自身的错误视而不见。

各位女士,批评和赞赏一样,都是一种能够让人进步的手段,都是可以采用的。但和赞赏不同的是,批评别人更要讲究艺术,这样,才能让它的功效充分发挥出来,而不是起到消极的作用。所以,我们在批评别人的时候一定要间接且委婉。

♥ 别再做那些无谓的争论了

富兰克林曾经说过:"如果你辩论、争强、反对,你或许有时候会获胜,但是这种胜利是非常空洞的,并且你会失去对方的好感。"这句话是能够给我们很多启示的:你是想要短暂的、口头的、表演式的胜利,还是想长期获得对方的好感呢?聪明的人当然会选择后者。

在卡耐基少年时期,他是一个执拗的辩论者。卡耐基曾经和他的表弟辩论天下一切事情,并且热衷于参加各种辩论比赛。有一段时间,卡耐基甚至想写一本有关于辩论的书籍。直到卡耐基遇到了加蒙先生,他才改变了自己,并且记住了加蒙先生所说的一句话:"要永远避免正面的冲突。"

卡耐基接受加蒙先生的教导是在二战结束后不久的一个晚上。那天晚上他参加了一个欢迎罗斯爵士的宴会。在宴会上,坐在他旁边的人讲了一个有趣的故事。在讲这个故事的过程中,他提到了这样一句话:"无论我们如何粗俗,有一个神,就是我们的目的。"提到这句话时,他非常自信地说:"这句话出自《圣经》。"

当时卡耐基就知道他说错了,因为这句话根本不是出自《圣经》,而是出自莎士比亚的一篇文章。因此,卡耐基当面指出了他的错误。但是这个人不仅没有意识到自己的错误,还始终坚持自己的想法:"不可能,这句话不可能出自莎士比亚的文章,它分明就是出自《圣经》。"

卡耐基和这个人争论起来,但是始终没有一个结果。这时候卡耐基想起我的一位老朋友——加蒙先生,他曾经潜心研究过莎士比亚,他一定知道这件事谁对谁错。所以,卡耐基请加蒙先生来做判断。当时加蒙先生也坐在他的旁边,他在桌子底下用脚碰了碰卡耐基,然后说:"戴尔,是你说错了,这句话不是出自莎士比亚的文章,而是出自《圣经》。"

当晚宴结束的时候,卡耐基对加蒙先生说:"你是知道的,这句话分明是出自莎士比亚的文章,你为什么说我说错了呢?"

加蒙先生说:"不错,这句话出自《哈姆雷特》第五幕第二场。但是我们只是一个客人,为什么要指出对方的错误,难道这样做对方会喜欢你吗?所以,我们应该保住对方的面子。记住,要永远避免正面的冲突。"从那以后,卡耐基认识到了自己的缺点,并且逐渐改变了自己。

的确,和别人争论不休并不是一件好事情,因为这并不能给你带来什么。

和男性相比，女性一般不太热衷于无止无休的争论。但是女性也同样有争强好胜的心理。而且从心理学来说，女人的自尊心和虚荣心都要高于男性，因此在众目睽睽之下被挑出毛病或者错误，很多好胜的女性也会和对方争执一番，而且非要争出一个结果来。其实这样做是没必要的，因为这并不能给你带来什么，就像我在开头说的那样：你不可能在争论中胜利。所以，各位女性朋友，如果你发现自己非常喜欢和别人争论，就应该改变自己，这样，才能为自己带来好处。下面这个例子就说明了这些。

有一位女士参加了卡耐基的培训班。这位女士是一名汽车推销员，她受的教育不多，非常喜欢和别人发生争执。在工作中，如果有顾客对她推销的车辆表示出贬损或者不满意，她会马上和对方辩论一番。当然，她获得过无数次胜利，但是遗憾的是，她迄今为止没有卖出过一辆汽车。

她参加卡耐基的培训班后，卡耐基首先教她的不是如何讲话，而是如何保持谨慎，避免和顾客发生冲突。她在卡耐基这里学习了一段时间后，终于有了改变，而现在，她已经成为汽车销售公司的一位推销明星了。

从上面的例子可以看出，和别人发生争论不能给自己带来任何好处，因为你说的即使是对的，对于改变对方的思想也没有任何益处；而当你保持沉默、避免和对方发生冲突的时候，对方反而能够听进你的意见。所以，各位女士，一定不要和别人做无谓的争辩，因为这除了给你带来很多消极影响外，不会有任何积极影响。

事实上，那些真正成功的人从来不喜欢和别人发生争论。

有一次，一个青年军官和同僚发生了激烈的争吵，林肯总统知道后，狠狠地教训了那个青年军官。林肯说："一个人如果想要成功，就不能偏执于自己的成见，也不能过分地显示你自己。你要学会控制自己的脾气，也要学会放弃。与其因为和狗争路而被它咬伤，还不如当时就让路给它。事后即使可以把狗杀死，但是你的伤口无法马上愈合。"

从林肯总统的话中可以看出，常常和他人发生无谓的争吵不仅会妨碍到一个人的人际关系，还会阻碍他事业上的成功。所以，各位女士，你们一定要记住我在文章开头说的一句话：避免和他人发生无谓的争论！